Devocionario de
SAN
MIGUEL ARCÁNGEL

Capítulo 1
LOS ÁNGELES

MISIÓN DE LOS ÁNGELES

Los Ángeles son servidores y mensajeros de Dios, son seres espirituales, que adoran y aman a Dios y cumplen todas sus órdenes. Son las criaturas espirituales más bellas y perfectas. Los Ángeles tienen la misión de enseñar y transmitir a los hombres las buenas inspiraciones; su deber es conducirlas a la fe. Los Ángeles protegen el alma de los hombres contra las perturbaciones interiores y exteriores. Por otra parte, ellos también se encargan de corregir a los hombres en los momentos en que se alejan del camino correcto, los ayudan en sus oraciones y en sus peticiones, y son los encargados de transmitirlas a Dios. Una de las tareas más importantes que tienen es la de ayudar a los hombres en los combates que enfrentan en la vida contra el poder del mal. En la Sagrada Escritura los Ángeles están presentes desde el Génesis hasta el Apocalipsis. La misión de los Ángeles unida a la de Dios consiste en vivir sometidos a la Voluntad y Gloria de Dios contemplando su Rostro.

"Cada uno de los cuatro Vivientes tiene seis alas llenas de ojos por ambos lados y no cesan de repetir día y noche: Santo, Santo, Santo es el Señor Dios, el Señor del Universo, Aquel que era, que es y que viene" (Ap 4,8).

Los cuatro vivientes representan los Ángeles que fijan sus ojos siempre en Dios y derraman las bendiciones de Dios por todo el Universo. En la Jerarquía de Ángeles encontramos a los tres Arcángeles: Gabriel, Rafael y Miguel de quienes podemos decir lo siguiente:

GABRIEL:

En hebreo significa mensajero de Dios, que transmite los mensajes más importantes de Dios. Algunas citas bíblicas nos indican que Gabriel profetizó a Zacarías el nacimiento de Juan Bautista (Lc 1,14-20). Gabriel también anunció a la Virgen María que sería Madre de Jesucristo (Lc 1,26-38).

"Yo soy Gabriel el que está delante de Dios y he sido enviado para hablarte y comunicarte esta Buena Nueva" (Lc 1,19).

RAFAEL:

Significa en hebreo Medicina de Dios. Este Arcángel es considerado como protector de los que viajan y de los enfermos. En la Biblia, en el Libro de Tobías, Rafael es mencionado como compañero de viaje del joven Tobías.

MIGUEL:

El nombre de éste Arcángel es de origen hebreo y significa *"Quién como Dios"*, de esa manera nos indica que Dios es superior en todo y a todo. Nadie ni nada existe que se le iguale o le supere.

Este Arcángel Miguel es el Ángel de la lucha de la victoria. En la Sagrada Escritura se menciona como Aquél que luchó contra Lucifer, que desterró a los ángeles rebeldes que no querían servir a Dios. Miguel es un guerrero y defiende a los hijos de Dios contra los ataques del demonio, es por tanto protector de la Iglesia.

PIDIENDO LA INTERCESIÓN DE LOS SANTOS ÁNGELES

Los Ángeles están interesados en ayudarnos a encontrar la felicidad tanto en la tierra como en el Cielo. Ellos desean vernos junto a ellos en el Cielo en un estado de perfecta alabanza y adoración a Dios. Interceden por nosotros y utilizan el poder que Dios les ha dado para ayudar a aquellos que quieren ser ayudados. La Iglesia Católica guiada por el Espíritu Santo, mantiene basados en la Palabra de Dios una devoción y veneración a los tres Santos Arcángeles: Miguel, Gabriel y Rafael y los devotos celebran su fiesta el día 29 de septiembre.

SOR FAUSTINA NOS ACONSEJA:

"A través de la oración el alma se arma para enfrentar cualquier batalla. En cualquier condición en que se encuentre un alma, debe orar. Tiene que rezar el alma pura y bella, porque de lo contrario perdería su belleza, tiene que implorar el alma que tiende a la pureza, porque de lo contrario no la alcanzaría; tiene que suplicar el alma recién convertida, porque de lo contrario caería nuevamente; tiene que orar el alma pecadora, sumergida en los pecados, para poder levantarse. Y no hay alma que no tenga el deber de orar, porque toda gracia fluye por medio de la oración". Comencemos por incluir en nuestras oraciones a los Santos Ángeles para que nos ayuden a interceder, no sólo por nosotros, sino también por todos aquellos por quienes oramos, por nuestro país y por el mundo entero.

ORACIÓN A SAN MIGUEL ARCÁNGEL Y A TODOS LOS ÁNGELES CELESTIALES:

San Miguel Arcángel en unión con todos los Santos Ángeles, en nombre de Jesús y de María, para Gloria de nuestro Dios, te suplicamos que con tus oraciones nos ayudes a alcanzar el don de la intercesión, de la oración continua, y de la evangelización. Que Dios por su intermedio abra nuestros ojos del corazón, nuestros oídos a la voz del Señor, y nuestra voluntad siempre esté unida a Dios para que estemos atentos a las necesidades de nuestros hermanos.

Que también por medio de Ustedes alcancemos la gracia de la perseverancia en el servicio a Dios, manifestada en el servicio a nuestros hermanos llenos del Espíritu Santo y del Amor de Dios. Que cada día seamos menos pecadores. Que cada día seamos más santos. Gracias Dios Todopoderoso y Eterno, gracias Virgen María y gracias a San Miguel Arcángel y a todos los Ángeles. Amén.

SOR FAUSTINA Y EL ÁNGEL DE LA GUARDA

Vi al Ángel de la Guarda que me dijo seguirlo. En un momento me encontré en un lugar nebuloso, lleno de fuego y había allí una multitud de almas sufrientes. Estas almas estaban orando con gran fervor, pero sin eficacia para ellas mismas, sólo nosotros podemos ayudarlas. Las llamas que las quemaban, a mí no me tocaban. Mi Ángel de la Guarda no me abandonó ni por un solo momento. Pregunté a estas almas ¿cuál era su mayor tormento? Y me contestaron unánimemente que su mayor tormento era la añoranza de Dios. Vi a la Madre de Dios que visitaba a las almas en el Purgatorio. Las almas lla-

man a María "La Estrella del Mar". Ella les trae alivio.
Deseaba hablar más con ellas, sin embargo mi Ángel de
la Guarda me hizo seña de salir. Salimos de esa cárcel de
sufrimiento. Oí una voz interior que me dijo:
Mi misericordia no lo desea, pero la justicia lo exige".

LUGARES DEDICADOS
A SAN MIGUEL ARCÁNGEL

En Roma se le dedicó el Mausoleo de Adriano llamado Castel Santí Angelo o Castillo del Santo Ángel. A San Miguel se le dedicó también el antiguo Santuario construido en el Siglo VI sobre el Monte Gargano en Italia, el cual domina el mar Adriático. Cerca de esta Iglesia, el 8 de mayo de 663, los Longobardos 10 obtuvieron la victoria en la Batalla Naval contra la Flota Sarracena, y el recuerdo de la victoria, atribuida a una aparición del Ángel, dio origen a una segunda fiesta, unificada después para el día 29 de septiembre.

ORACIÓN A LA VIRGEN MARÍA,
REINA DE LOS ÁNGELES
Y LETANÍAS

ORACIÓN A MARÍA, REINA DE LOS ÁNGELES:

Oh María, mi buena Madre, líbrame del pecado mortal durante este día, por el poder que te concedió el Eterno Padre. (Ave María). Oh María, mi buena Madre, líbrame del pecado mortal durante este día, por la sabiduría que te concedió el Hijo. (Ave María). Oh María, mi buena Madre, líbrame del pecado mortal durante este día, por el amor que te concedió el Espíritu Santo (Ave María).

LETANÍAS A MARÍA
(REDEMPTORIS MATER):

Padre, amor infinito que a través de María nos has dado a Cristo,	*Ten piedad de nosotros*
Cristo, carne y sangre de María,	*Ten piedad de nosotros*
Espíritu Santo, que has hecho en María la obra maestra de la gracia,	*Ten piedad de nosotros*
María, plenitud de gracia,	*Ruega por nosotros*
María, aurora de la salvación	*Ruega por nosotros*
María, figura y modelo de la Iglesia	*Ruega por nosotros*
María, Madre amantísima de la Iglesia,	*Ruega por nosotros*
María, guía del Pueblo de Dios,	*Ruega por nosotros*
María, gloria de la gracia divina,	*Ruega por nosotros*
María, guía de los humildes y de los pobres,	*Ruega por nosotros*
María, ejemplo de fe en las pruebas,	*Ruega por nosotros*
María, siempre junto a Cristo ante la incomprensión y el dolor,	*Ruega por nosotros*
María, fiel a Cristo hasta el aniquilamiento en la Cruz,	*Ruega por nosotros*
María, reflejo y espejo del Misterio de Cristo,	*Ruega por nosotros*

María, Madre de Cristo y Madre de los Hombres,	*Ruega por nosotros*
María, oblación total del amor,	*Ruega por nosotros*
María, Madre de todos los hermanos en Cristo,	*Ruega por nosotros*
María, medianera maternal para la Iglesia y para la humanidad,	*Ruega por nosotros*
María, corredentora con Cristo en la Salvación,	*Ruega por nosotros*
María, Madre del Señor Glorificado,	*Ruega por nosotros*
María, guía a la Eucaristía,	*Ruega por nosotros*
Cordero de Dios, nacido de María,	*Ten piedad de nosotros*
Cordero de Dios, gloria de María,	*Ten piedad de nosotros*
Cordero de Dios, paz y reconciliación del hombre,	*Ten piedad de nosotros*

VIRGEN MARÍA, APLASTA
LA CABEZA DE SATANÁS

ORACIÓN A LA VIRGEN MARÍA:

Salve, Madre soberana del Redentor, puerta del cielo siempre abierta, estrella del mar; socorre al pueblo que sucumbe y lucha por levantarse, tú que para asombro de la naturaleza has dado el ser humano a tu Creador. Cumple tu oficio de Madre con nosotros y líbranos del mal, aplastando la cabeza de Satanás, expulsándolo de nuestras vidas: *"Haré que haya enemistad entre ti y la mujer, entre tu descendencia y la suya, ésta te pisará la cabeza mientras tú te abalanzarás sobre su talón" (Gn 3,15).*

Soberana Reina del Cielo, poderosa Señora de los Ángeles, desde el principio Dios te ha otorgado la potestad y la misión de aplastar la cabeza de Satanás. Te rogamos humildemente mandes tus legiones celestiales para que bajo tu manto y con tu poder persigan y combatan en cualquier lugar, los espíritus infernales, rechacen su acción temeraria y los regresen al abismo. Oh Buena y Tierna Madre, Tú serás siempre nuestro amor y nuestra esperanza. Oh Madre Divina, envía a los Santos Ángeles para defendernos y alejar de nosotros el cruel enemigo infernal. Santos Ángeles y Arcángeles, defiéndannos y custódiennos. Amén.

SANTÍSIMA TRINIDAD,
LÍBRANOS DEL MAL
OREMOS AL ESPÍRITU SANTO:

Espíritu Santo, en el Nombre de Jesucristo, de acuerdo con la Voluntad de Dios, y unido a María, a San Miguel Arcángel y a todos los Santos Ángeles y Santos del Cielo, en unión con la Iglesia te suplicamos que vengas en nuestra ayuda con tus inspiraciones. Ven Señor con tu poder a alejar de nosotros las fuerzas hostiles de los enemigos que nos acosan. Espíritu Santo fortalécenos en la fe, en la esperanza y en la caridad, y no nos dejes caer en tentación, más líbranos del mal. Amén.

OREMOS AL PADRE CELESTIAL:

Oh mi Padre de los Cielos, como es dulce y suave saber que Tú eres mi Padre y que yo soy Tu hijo. Sobre todo, cuando el cielo de mi alma está negro y mi cruz pesa más, siento la necesidad de decirte: Padre, yo creo en tu amor por mí. Sí, yo creo que Tú eres mi Padre y que yo soy Tu hijo.

Yo creo que Tú me amas con infinito amor. Yo creo que Tú velas día y noche por mí y que ni un sólo cabello de mi cabeza cae sin Tu consentimiento. Yo creo que eres infinitamente sabio. Tú sabes mucho mejor que yo lo que me conviene. conviene. Yo creo que eres infinitamente poderoso. Tú traes lo bueno de lo malo y dispones todo para el bien de los que te aman. Y por detrás de lás manos que hieren, yo beso Tu mano que cura.

Yo creo, pero aumenta mi fe y, sobre todo, mi esperanza y mi caridad. Enséñame a entregarme a Tu conducción, como un niño en los brazos de su madre. Te entrego el control de mi vida, te entrego todo mi ser. Dirige Tú Señor mi vida y mi caminar de ahora en adelante, porque *"para Dios será sólo mi existencia"* (Sal 22,29).

Padre, Tú lo sabes todo, Tú lo ves todo, Tú me conoces mejor que yo mismo. Tú lo puedes todo y Tú me amas verdadera e infinitamente. Yo vengo Señor con toda confianza a suplicarte con Jesús, María y los Santos Ángeles y Arcángeles que me salves, me sanes y me libres de todo mal. Padre Santo, ten píedad de mí. Amén.

ORACIÓN A JESUCRISTO:

Vengo hasta Ti Señor Jesús, como a mi Liberador. Tú conoces todos mis problemas, todas las cosas que me amarran, que me atormentan, corrompen e incomodan. Yo me niego, en este momento a aceptar cualquier cosa de Satanás y me desligo de los espíritus de las tinieblas, de toda influencia negativa y maligna, de todo cautiverio satánico, de todo espíritu dentro de mí que no sea Espiritu de Dios, y ordeno a todos los espíritus relacionados con Satanás que me dejen ya y que no vuelvan nunca más, postrándose a los pies de la Santa Cruz de Jesucristo para siempre. Y en el Nombre de Jesucristo los envío y los ato a los pies de la Santa Cruz de Nuestro Señor Jesús y les ordeno que permanezcan allí por toda la eternidad y les prohibo regresar.

Confieso que mi cuerpo es Templo del Espíritu Santo: redimido, lavado, santificado, y justificado por la Sangre de Jesucristo. Por lo tanto, Satanás no tiene lugar ni poder en mí ni sobre mí, por causa de la Sangre del Cordero de Dios: Jesucristo a quien le pertenezco ahora y para siempre. Amén.

SANTOS ÁNGELES
VUELEN EN NUESTRO SOCORRO

Santos Ángeles, vengan en nuestra ayuda y con la Palabra de Dios, hagan cesar de inmediato toda acción del enemigo. Vengan e inspírennos la oración y la acción a la luz del Espíritu Santo de manera que no nos desviemos de la Verdad. Vengan Santos Ángeles y llévenos a cumplir la Voluntad de Dios. Santos Ángeles vuelen en nuestro socorro. Amén.

Capítulo 2
LO QUE DEBEMOS SABER ACERCA DE LOS ÁNGELES Y DEL ENEMIGO DE DIOS

MENSAJE DE JUAN PABLO II SOBRE LOS ÁNGELES Y ARCÁNGELES
(Resumen de la Homilía en el Santuario de San Miguel Arcángel, en el Montede SaníAngelo, Italia)

"**Q**ueridísimos hijos e hijas, estoy feliz de encontrarme bajo la sombra de este Santuario de San Miguel Arcángel, que ha sido construido siglos atrás y ha sido meta de peregrinaciones y punto de referencia para cuantos procuran a Dios y dejarse conducir por Cristo, para quien fueron creadas todas las cosas, en el Cielo y en la tierra, a quién se le someten las cosas visibles e invisibles, los tronos, las dominaciones, los principados y las potestades (Col 1,16)... Por muy limitadas que sean las noticias de revelación sobre la personalidad o el papel de San Miguel éstas son muy elocuentes.

Él es el Arcángel que reivindica los derechos inalienables de Dios. Como Príncipe del Cielo actúa como Guarda del Pueblo elegido, de donde saldrá un Salvador. Intercede por el Nuevo Pueblo de Dios y por la Iglesia. Él es considerado como nuestro protector y defensor en todas las luchas como miembros del Reino de Dios en la tierra. *"Los poderes del mal no prevalecerán contra ella"* *(Mt 16,18)*, según la afirmación del Señor, pero esto no significa que estamos exentos de pruebas y batallas contra las insidias del demonio.

En nuestra lucha, el Arcángel Miguel está al lado de la Iglesia para defenderla contra todas las iniquidades del enemigo, para ayudar a los creyentes a resistir al demonio que anda alrededor, como un león que ruge, buscando a quien devorar (1P 5,8).

Esta lucha contra el demonio, es ejercida por la figura del Arcángel Miguel también hoy día, porque el demonio está vivo y operante en este mundo. Podemos comprobar esto por el mal existente, el desorden que se ve en la sociedad, y la incoherencia de los hombres, la ruptura interior de que somos víctimas como consecuencia del pecado original (2Co 2,4). Este enemigo se manifiesta como encantador astuto que sabe insinuar sus perversiones para tentarnos, para introducirnos en sus nocivos desvíos valiéndose de nuestras aspiraciones instintivas.

Por eso nuestro apostolado hacia todos los cristianos es ponerlos sobreaviso en cuanto a las insidias del demonio y de sus innumerables sectarios, exhortándolos como los habitantes de Efeso a revestirse de la armadura de Dios para que puedan resistir las celadas del demonio (Ef 6,11-12).

DIOS SIEMPRE VENCE AL ENEMIGO

"Después hubo una batalla en el cielo: Miguel y sus Ángeles lucharon contra el dragón. El dragón y sus ángeles pelearon, pero no pudieron

vencer, y ya no hubo lugar para ellos en el Cielo"
(Ap 12,7).

El poder del enemigo de Dios no es invencible. El número de ángeles que el Monstruo arrastró a desobedecer a Dios es muy inferior al de aquellos que permanecen fieles a El. Dios es el único que todo lo puede, para quien no hay nada imposible.

Sin embargo, a pesar del pecado, los Ángeles rebeldes no perdieron sus dones naturales recibidos de Dios cuando fueron creados. El diablo tiene una gran agudeza intelectual y un poder sobrenatural por encima de los seres humanos.

¿QUIÉN ES SATANÁS Y CUÁL ES SU OBJETIVO?

Para combatir al enemigo con eficacia debemos saber quién es, de él podemos decir que es un mentiroso, comerciante con las cosas de Dios, es muy cruel, no tiene ningún tipo de escrúpulos o compasión con el hombre. El principal objetivo del enemigo con el hombre es destruirlo y llevarlo a perder su salvación, siente gran envidia hacia el hombre debido a que Dios le ha dado una segunda oportunidad para salvarse, y puede disfrutar de la presencia y del amor de Dios.

Si miramos los Evangelios, nos encontramos con que Jesús mismo tuvo que luchar con el enemigo y líberar personas de opresión demoníaca. Si continuamos nuestro viaje a lo largo del Nuevo Testamento, también nos encontramos con que los apóstoles y discípulos de Jesús, y todos los que han actuado en el Nombre de Jesús han tenido combates espirituales con el enemigo de Dios.

Pero, en esta lucha no estamos solos, nos acompaña Dios con la Virgen María y sus Santo Ángeles y Arcángeles: Miguel, Gabriel y Rafael. No estamos solos, por lo tanto no tenemos por qué temer. Si nos mantenemos junto a ellos, la victoria de Dios, también será nuestra victoria.

ESTEMOS ALERTA CONTRA EL ENEMIGO:

Actualmente llegan a nuestra comunidad personas con casos de perturbación y opresión diabólica debido a que han participado en idolatría, supersticiones, brujerías y filosofías contrarias a nuestra fe, y a lo que nos propone Cristo y la Iglesia.

En nuestra Iglesia existen ritos religiosos para expulsar al demonio de una persona posesa u obsesionada, y se les da el nombre de exorcismos: cuando lo hace el sacerdote con la aprobación de un obispo; y se llama oración de liberación cuando es realizada por sacerdotes y laicos debidamente preparados para ello y dotados con este don.

No nos dejemos engañar con algunos dichos populares que dicen que esas perturbaciones se pueden quitar por medio de brujos. Cuando la persona cae en esto, empeora su problema debido a que los brujos son representantes del mismo Satanás, aún cuando utilicen palabras bonitas y usen el nombre de Dios, lo están usando en vano y estarán llevando a la persona a pecar y a ofender gravemente a Dios.

La única persona que puede expulsar al enemigo de Dios es Jesucristo por medio de sus servidores de la Iglesia: sacerdotes y laicos quienes actúan en su Nombre, éstos son representantes de Dios y están a su servicio. Cuando se ora por liberación se inicia un combate espiritual en el que intervienen San Miguel Arcángel y la Santísima Virgen María de quien reciben las órdenes del Señor, y a ella se encuentran muy unidos. Los sacerdotes y laicos son instrumentos que Dios utiliza en ese momento para ayudar a las personas. Por medio de ellos, Dios interviene sanando y liberando a las personas.

LOS ÁNGELES CAÍDOS:

Algunos ángeles se habían rebelado ante esta perspectiva de tener que adorar a Dios encarnado. Conscientes de su propia magnificencia espiritual y de su belleza y dignidad, no quisieron hacer su acto de sumisión y de adoración a Jesucristo. Así el ángel mejor dotado y más bello, Lucifer, portador de luz, pecó por orgullo hacia Dios y convenció muchos ángeles para que se rebelaran y gritó: No le serviré. Así comenzó el infierno y esencialmente su separación de Dios.

A DIOS LO QUE ES DE DIOS
Y AL CÉSAR LO QUE ES DEL CÉSAR:

Hermanos, cuando se hace una oración de liberación o de sanación, es el propio Jesús que actúa con todo su poder sanando o liberando, por eso la oración del cristiano siempre se hace en el nombre de Jesús.

"El que cree en mí hará cosas mayores. Porque yo voy al Padre y lo que ustedes pidan en mi Nombre, lo haré yo, para que el Padre sea glorificado

en su Hijo. Y también, si me piden algo en mi Nombre, Yo lo haré" (Jn 14,12-14).

Por otra parte, Dios actúa por medio de la intercesión de la Virgen María, de los Santos Ángeles y Arcángeles, a quienes les ha dado pleno poder para actuar en defensa del Reino de Dios y en ayuda del hombre. Veamos lo que dice la Palabra de Dios con respecto a la Virgen María y a la Iglesia:

"Entonces Yavé Dios dijo a la serpiente: Por haber hecho esto, maldita seas entre todas las bestias y entre todos los animales del campo. Andarás arrastrándote, y comerás tierra todos los días de tu vida. Haré que haya enemistad entre tí y la mujer, entre tu descendencia y la suya, ésta te pisará la cabeza mientras tú te abalanzarás sobre su talón" (Gn 3,14-15).

Dios ha maldecido al demonio y no al hombre, el hombre tiene la oportunidad de salvarse y podrá compartir la felicidad de Dios, pero eso solamente se realizará mediante la redención de Cristo. Tenemos otros intercesores que nos ayudan a pedir: los santos, pero siempre nuestra oración debe ser hecha en el nombre de Jesús, atendiendo a la promesa del Señor.

Cuando el cristiano ora, entra de alguna manera en este combate espiritual. Nosotros pedimos y Dios realiza su obra. Ninguno de nosotros puede tomarse la gloria para sí, pues la Palabra de Dios nos dice que sólo Él merece todo honor, poder y gloria por los siglos de los siglos. Sería un error decir que alguno de nosotros sana o libera, esto significaría que le estaríamos quitando o robando a Dios el honor, el poder y la gloria; y esto es precisamente lo que quiere el enemigo de Dios que hagamos, que actuemos como lo hizo él en el pasado.

SAN BENITO ABAD EXPULSÓ AL DEMONIO:

Un día, yendo San Benito Abad a orar a la ermita de San Juan, se cruzó con él el antiguo enemigo en figura de veterinario. Le preguntó Benito:

¿A dónde vas? Él le respondió: A darles una poción a tus monjes. Prosiguió el venerable Benito su camino y concluida su oración regresó al monasterio. Entre tanto, el maligno espíritu encontró a un monje anciano que estaba sacando agua, y al punto entró en él y le arrojó por tierra, atormentándole furiosamente. El hombre de Dios, que regresaba ya de su oración, al ver a aquel monje tan cruelmente atormentado, le dio solamente una bofetada y el maligno espíritu salió tan rápidamente de él, que no se atrevió jamás a volver a aquel monje.

"Tengan fe en Dios. Les aseguro que el que diga a este cerro: levántate de ahí y tírate al mar, si no duda en su corazón y si cree que sucederá como dice, se le concederá. Por eso les digo: todo lo que pidan en la oración, crean que ya lo han recibido y lo tendrán" (Me 11,23-24).

Capítulo 3
NO AL OCULTISMO: IDOLATRIA, SUPERSTICIONES Y A TODA CLASE DE PECADO

LA PALABRA DE DIOS NOS ADVIERTE SOBRE LA IDOLATRÍA

Si queremos vivir una vida plena de hijos de Dios, y estar bajo las bendiciones del Señor tenemos que obedecerle fielmente en todo lo que nos propone. La Palabra de Dios es muy clara:

"Escucha y observa todas las cosas que te mando y siempre te irá bien a ti y a tus hijos después de ti, por hacer lo que es bueno y correcto a los ojos de Yavé" (Dt 12,28).

Uno de los mandatos categóricos del Señor es que nos apartemos de todo lo que sea idolatría, todo lo que tenga que ver con filosofías que no provengan de Él, con sectas que no es la Iglesia formada por Jesucristo para reunirnos en oración y para adorar a un único Dios. Asistir a brujos o a sectas es darle la espalda a Dios, es hacernos enemigos de Dios, es promover un dios que no es Yavé. Y al hacer todas estas cosas estaremos dejando entrar en el Templo de Dios, es decir en nuestros corazones a un dios falso.

Todo esto nos acarrea grandes y graves problemas, ya que nos alejamos de las bendiciones de Dios y caen sobre nosotros maldiciones, viene la ruina en todo sentido a nuestras vidas. Entonces el enemigo hará estragos con nosotros.

"Que no haya en medio de ti nadie que haga pasar a su hijo o a su hija por el fuego; que no haya adivinos, ni nadie que consulte a los astros, ni hechi-

ceros, que no se halle a nadie que practique encan-
tamientos o consulte los espíritus; que no se halle
ningún adivino o quién pregunte a los muertos. Porque
Yavé aborrece a los que hacen estas cosas y precisa-
mente por esa razón los expulsa delante de ti. Te por-
tarás bien en todo con Yavé, tu Dios"
(Dt 18,10-12).

Con respecto a los brujos y hechiceros dice el Señor:
"Si alguno no escucha mis palabras, cuando
habla el profeta de parte mía, yo mismo le pediré cuen-
tas. Pero si un profeta pretende hablar en mi nombre
sin que lo haya mandado, o si habla en nombre de otros
dioses, ese profeta morirá" (Dt 18,19-20).

Recuerda hermano en Cristo, que los brujos
y hechiceros son servidores de Satanás consagrados a
El, y que el enemigo de Dios nos habla siempre mez-
clando verdades con mentiras. Debes tener presente que
trata de imitar a Dios en todo. Hará todo lo posible para
seducirte y confundirte, de manera que caigas en el
pecado y luchará para si es posible hacer que libre y
voluntariamente te entregues a él. No permitas que te
siga oprimiendo. Dile NO al pecado. No a sus seducciones, mentiras y engaños. NO a lo que te propone y
NO al enemigo de Dios.

ORACIONES PREPARATORIAS
PARA RECIBIR LIBERACIÓN

RECONOCIENDO MIS PECADOS ANTE DIOS:

Santísima Trinidad, un solo Dios, vivo y
verdadero, todo poderoso y omnipotente, todo Amor,
yo te alabo, te bendigo, te glorifico y te adoro sólo a Ti.

creo en Ti Señor y creo en tu Poder Salvador y Sanador. Hoy reconozco que mucho he pecado y que me he apartado de Ti, al igual que hizo Adán y Eva, y todo por mis malas inclinaciones hacia el pecado.

Señor, renuncio de corazón y para siempre a Satanás, a sus obras, a sus mentiras, al pecado, a la impureza, a todo afán de poder y de placer que me aparten de Ti, mi Dios y mi Señor.

Reconozco que me he equivocado aceptando lo que proponen las sectas, donde utilizan el nombre de Dios en vano, y donde muchas veces me dicen que esas prácticas y ritos satánicos no interfieren con lo que nos propone la Iglesia Católica porque ellos trabajan con Dios, y donde me cobran por un milagro.

Por no estudiar la Santa Biblia con el discernimiento de la Iglesia, por no estudiar el Catecismo de la Iglesia Católica, por no asistir a la Santa Misa los domingos y escuchar la Palabra de Dios y la Homilía, por no acercarme a la confesión y buscar el sacerdote como guía espiritual y preguntarle acerca de mis dudas, he sido presa fácil para estas falsas enseñanzas. Solo puedo expresar ante Ti Señor, Dios Santo, que me equivoqué y que regreso a Ti arrepentido de mis delitos, suplicando que no me rechaces de tu lado y me otorgues tu perdón.

YO RENUNCIO: Yo renuncio a toda falsa creencia en reencarnación, pues Jesús nos dice que resucitaremos y Él resucitó. Renuncio a querer manipular a Dios utilizando el nombre de Dios en vano o utilizar la Palabra de Dios como control mental.

Renuncio a toda práctica de ocultismo que me atan al enemigo como: visitas a brujos y hechiceros, prácticas de espiritismo, uso de amuletos y talismanes, objetos para la buena suerte: piedras, cristales, herraduras, pulseras que contienen invocaciones satánicas, y objetos para atraer buena suerte ó para dominar la voluntad de las personas, para seducir y ser atractivos al sexo opuesto, plantas como sábila trabajada con brujería, hipnotismo, magia blanca o magia negra, secta de la oración fuerte del Espíritu Santo, aromaterapia, músicoterapia, imposición de manos con metafísica o energía universal, control mental, chacras, karma, nueva era, etc.

Renuncio a toda práctica supersticiosa y ritos de adivinación para conocer el futuro al margen de Dios: caracoles, lectura de café, manos, tabaco, numerología, astrología, horóscopos, tarot, juegos de la ouija, etc.

Hoy Señor Yavé, renuncio a toda falsa doctrina, falsa filosofía, a toda secta satánica y a filosofías orientales contrarias a lo que Jesús y la Iglesia me proponen tales como: Budismo, Yoga, Vudú, Ritos de Sorte: María Lionza, creencias indígenas con falsos dioses: politeismo, santería, satanismo, metafísica, astrología, horóscopos, signos zodiacales, horóscopos chinos, parasicología esoterismo, gnosticismo, etc.

Yo renuncio a todo falso don proveniente del enemigo de Dios, a toda comunicación del enemigo de Dios conmigo, a volver a esos sitios prohibidos por Dios, a darle la espalda a Dios, a querer tener poder sobre objetos y personas para dominarlas y manipularlas a mi antojo, a someterme al enemigo de Dios.

Yo renuncio a aceptar lo que me proponen las sectas y los ateos de que no es necesario confesar nuestros pecados ante el sacerdote, y sin embargo Jesús les dio las llaves del Cielo para atar y desatar:

"Y ahora yo te digo: Tú eres Pedro, o sea Piedra, y sobre esta piedra edificaré mi iglesia y las fuerzas del infierno no la podrán vencer. Yo te daré las llaves del Reino de los Cielos: todo lo que ates en la tierra será atado en el Cielo, y lo que desates en la tierra será desatado en los Cielos" (Mt 16,18-19).

YO PROMETO: Señor, Dios Todopoderoso y Eterno, único Dios Verdadero: Padre, Hijo y Espíritu Santo, prometo acogerme a tus mandamientos y destruir todos esos ídolos que me atan al mal. Prometo acudir al lugar donde Tú Señor te encuentras: La Santa Iglesia Católica, esa es tu Casa de Oración, no existe otra. Prometo asistir a la Santa Misa los domingos. También acepto acercarme a los Sacramentos, especialmente el de la confesión o reconciliación, donde prometo confesar todos estos pecados para que me liberes de toda atadura con el mal.

Acepto la libertad de hijo de Dios que me has regalado Yavé. Prometo respetar la libertad de hijos de Dios que el Señor le ha concedido al hombre. Yo prometo someterme a la Voluntad de Dios y someto mi voluntad a la de Él, de manera libre y espontánea para que Dios cumpla su designio de salvación en mí.

Acepto cargar sobre mi pecho la señal de la victoria de Cristo y de los que en Él creen: la Santa Cruz bendecida solamente por el sacerdote. Hoy se que la Cruz representa la victoria sobre el enemigo de Dios y sobre todas las fuerzas del mal.

Acepto a María, como la Madre de Jesús, de la Iglesia y como Madre mía. Me consagro a la Santísima Virgen María y por medio de ella me consagro a la Santísima Trinidad y la Iglesia de Jesucristo: la Iglesia Católica.

Acepto los dones del Espíritu Santo para utilizarlos en beneficio de la Iglesia Santa de Dios, en beneficio de mis hermanos y para trabajar siempre por el Reino de Dios unido a Jesucristo, al Padre, y al Espíritu Santo, también unido a la Virgen María, a sus Santos Ángeles y Arcángeles: Miguel, Rafael y Gabriel; como también unido a los santos, y unido a la Iglesia obedeciéndole. Acepto lo que me propone la Palabra de Dios:

"*Ustedes no tendrán para Yavé santuarios semejantes, sino que solamente frecuentarán el lugar que Yavé escoja entre todas las tribus para poner allí su Nombre y habitar en él*" (Dt 12,4). Amén

ORACIÓN DE PERDÓN: Santísima Trinidad, te pido perdón por todos mis pecados.
Hoy te pido perdón especialmente por... y prometo a la brevedad posible acercarme al Sacramento de la Reconciliación donde me esperas para romper en mí las cadenas del pecado que me atan al enemigo de Dios.
Hoy se Señor que Tú siempre me perdonas, pero me esperas en el confesionario para borrar todos mis pecados. Y si no acudo allí, me has perdonado, pero no me has desatado esos pecados, y por lo tanto me estaría exponiendo a perder mi

salvación. También se que en la confesión me fortaleces para poder decir no a la tentación cuando ésta se me acerque.

Gracias Señor por tu perdón y por establecer nuevamente una perfecta comunicación y comunión de alianza entre Tú y yo. Gracias Señor por venir en mi ayuda y por el regalo del Espíritu Santo. Gracias por enviar a la Vírgen María y a los Santos Ángeles y Arcángeles a protegerme y a pelear todas las batallas de mi vida con el mal. Amén.

ORACIÓN PIDIENDO LA PROTECCIÓN DE LA VIRGEN MARIA:

Salve, puerta del cielo, abogada única de los pecadores, llave del Reino Celestial, salvación cierta de todos los cristianos que acuden a Ti. Guárdanos del mal y no te canses de interceder por nosotros, indignos siervos tuyos, antes bien guárdanos seguros de la condenación con tus ruegos hasta el fin de la vida. Madre Poderosa acudimos a tu eficaz protección, oh Señor, Madre de Dios, porque nadie como Tú tiene libre acceso con aquel que de ti nació. A Ti acudimos, Mediadora del mundo, e invocamos tu pronta protección en nuestras necesidades. Tú eres puente del cielo, eres llave que nos abre el cielo y arca santa por la que nos salvamos del universal diluvio de la iniquidad; única abogada y Auxiliadora de los pecadores destituidos de auxilio, puerto seguro de los que naufragan, puerta y escala del cielo. Virgen Santísima, si quieres salvarnos, tómanos bajo tu protección; porque fuera de ti no tenemos otra esperanza de salvación y estamos perdidos si prescindimos de tu mediación (P. Melús).

Reina de los Ángeles, mediadora de todas las gracias, todopoderosa en tu oración, recibe bondadosamente la oración que les dirigimos a tus servidores, y hazla llegar hasta el Trono del Altísimo para que obtengamos gracia, salvación y la respuesta a nuestros problemas.

ORACIÓN A LOS SANTOS ÁNGELES DEL CIELO:

Ángeles grandes y santos, Dios los envía para protegernos y ayudarnos. Los invitamos en el Nombre de Dios, uno en tres personas: Padre, Hijo y Espíritu Santo, vuelen en nuestro socorro.

Los invitamos en nuestro socorro porque hemos recibido en herencia la Sangre de Nuestro Señor y Rey, Jesucristo. Vuelen en nuestro socorro, los invitamos porque hemos recibido en herencia el Corazón Inmaculado de María Purísima y Reina de los Ángeles.

San Miguel: Tú eres el Príncipe de las Milicias Celestiales. El vencedor del dragón infernal. Te pido que acampes en mi vida personal colocando una cadena de Ángeles alrededor mío, que el enemigo no pueda hacerme ningún daño personal. Te pido que luches contra cualquier espíritu del mal, ruina, esoterismo, incomprensión, a fin de que mi familia, trabajo o estudio estén siempre protegidos de cualquier asechanza del diablo.

Envía al infierno a todos los espíritus malignos que quieran perturbar mi vida personal, familiar y de trabajo... con tus alas protégeme en todo momento y protege mi familia y bienes. Amén.

San Gabriel:
Tú eres el mensajero de Dios para traer la Palabra, te pido para que desciendas con todos los ejércitos y lleves el mensaje a mi familia y a todos aquellos que andan indiferentes al llamado de Dios (nombra las personas para quienes deseas conversión). Cúbrenos con todos tus Ángeles nuestra vida a fin de que velen por mi crecimiento espiritual noche y día para alcanzar la prosperidad espiritual y material. Amén.

San Rafael: Tú eres el mensajero de Dios, encargado de acompañar a los viajeros. Asiste a los enfermos y auxilia a los oprimidos. Te invito para que con tus Ángeles luchen por mí día y noche, y me enseñen cada día a alabar el gran Nombre de Dios sin desmayar. Te pido que desciendas sobre (nombrar las personas y lugares por los cuales estás intercediendo) y seamos protegídos de todo mal y peligro ahora y siempre.

TESTIMONIO

En un Retiro Básico, en el momento que recibí la imposición de manos en el Nombre de Jesús para ser bautizado en el Espíritu, yo interiormente le clamaba a la Virgen María que me sellara con su sello de amor en mi frente y en mi corazón. Al igual que le pedía lo mismo a Nuestro Señor Jesucristo. Ninguno de los que imponían sus manos sobre mí sabía lo que yo estaba pidiendo. Al finalizar la oración, una de las personas que oró por mí me contó una visión que tuvo en ese momento. Dijo la persona; "Ví a la Santísima Virgen María que se acercó hasta ti, y estampó en tu frente el sello de la medalla milagrosa. Inmediatamente fuiste rodeada de millares de Ángeles que formaban como un escudo alrededor tuyo".

Sí hermanos, cuando nos consagramos a la Virgen María y Nuestro Señor Jesucristo, esto es la que nos ocurre a todos. Jesús y la Virgen María caminan a nuestro lado, y al igual que ellos, también nosotros somos rodeados de sus Santos Ángeles que vienen en nuestra ayuda y que no permiten que el enemigo nos haga daño. Demos gracias a Dios y digamos todos unidos: Gloria a Dios. Bendita seas Virgen María y Bendito sea Dios: Padre, Hijo y Espíritu Santo. Benditos sean sus Ángeles y Arcángeles. Amén. Aleluya.

ALGUNOS SANTOS Y LOS ÁNGELES

Padre Pío: El Ángel es el amigo más fiel y más sincero, aún cuando lo entristecemos con nuestra mala conducta.
Santa Gema Galgani: Santa Gema se acercó sola al monasterio, y dijo que no estaba sola, que estaba con el Ángel de la Guarda. ¿Dónde lo has dejado?, preguntó la

Madre Inés. Ella respondió: allí afuera en la puerta. La Madre Inés le dijo:

¿Y por qué no haces pasar? Gema abrió entonces la puerta y con la mano hizo el gesto invitándole a entrar. La Madre Inés cuenta que se lo señaló, pero no vio nada. La hizo pasar al locutorio, le preguntó cómo lo veía, y le respondió Gema: le veo la cara y las alas extendidas.

Sor Faustina: Vi al Señor Jesús del lado de la epístola, con una túnica blanca y un cinturón de oro, y en la mano tenía una espada terrible. Eso duró hasta el momento en que las hermanas comenzaron a renovar los votos. Súbitamente vi una claridad inconcebible, delante de esa claridad vi una nube blanca en forma de balanza. En aquel momento se acercó el Señor Jesús y puso la espada sobre uno de los platillos y éste con todo aquel peso, bajó hasta la tierra y faltó poco para que la tocara completamente. Justo entonces las hermanas terminaron de renovar los votos. De repente vi a los ángeles que de cada una de las hermanas tomaron algo en un recipiente de oro, en forma como de un incensario. Cuando recogieron de todas las hermanas y pusieron el recipiente en el segundo platillo, éste prevaleció sobre el primero, en el cual había sólo puesta la espada. En aquel momento, del incensario salió una llama que alcanzó la claridad.

En seguida oí una voz desde la claridad: Reponed la espada en su lugar, la ofrenda es mayor. En aquel momento Jesús nos dio a todos una bendición y todo lo que yo veía desapareció. Las hermanas empezaron a recibir la Santa Comunión. Cuando recibí la Santa Comunión, mi alma fue inundada de un gozo tan grande que no logro describirlo.

Oración a San Miguel Arcángel: Príncipe de los Ejércitos Celestiales, vencedor del dragón infernal, recibiste de Dios la fuerza y el poder de aniquilar para la humanidad la soberbia del príncipe de las tinieblas. Te suplicamos insistentemente, alcánzanos la verdadera humildad de corazón, la total fidelidad en el continuo cumplimiento de la Voluntad de Dios. La fortaleza en el sufrimiento y en la necesidad.

¡Socórrenos, para que no desfallezcamos al comparecer ante el Trono de la Justicia de Dios! Amén.

Capítulo 4
EN ORACIÓN CON LOS SANTOS ARCÁNGELES: MIGUEL, RAFAEL Y GABRIEL

"Estén despiertos y oren, para que no caigan en tentación; el espíritu es animoso, pero la carne es débil" (Mc 14,38).

MENSAJES DEL SANTO PADRE, JUAN XXIII

"**P**uede decirse que en todo momento Satanás repite a los hombres estas palabras: 'Mira qué fascinantes son los deseos de la vida; los deseos que se despiertan y no se apagan; el sentido de los honores, de la gloria de la propia afirmación. Todo cuanto abarca tu mirada es para ti: campos, alturas y energías de la tierra, si te postras de hinojos y me adoras'. Nuestra respuesta debe ser pronta, como la del Señor: 'Vete. No tientes'. Sólo así el cristiano se hace digno de Cristo.

El enemigo del bien trata de invertir el orden establecido por Dios. Para él todas las armas son útiles: desde el desprecio de las leyes eternas, como si fueran superstición de ignorantes, hasta la más torpe acidia espiritual; desde la más desordenada acentuación de los intereses personales hasta la demagogia fácil y rebelde; desde las tentaciones de soledad hasta el orgullo intelectual y la intolerancia disciplinar.

Hay que velar en la noche, que se hace cada vez más oscura; darse cuenta de las asechanzas de los que son enemigos de Dios antes que nuestros, y prepararnos para defender por todos los medios los principios cristianos, que son la coraza de la verdadera justicia ahora y siempre. Satanás como león rugiente, trata de arrastrarnos y llevarnos a la perdición. Pero en todas partes encontramos la luz y la gracia del Señor, que ilumina y sostiene en los peligros, nos protege y nos enseña el camino de la salvación. Luchemos hasta la agonía contra las tentaciones del mundo, para asegurar la salvación de nuestra alma y de cuantos nos son queridos en esta vida".

EN ORACIÓN CON LOS ARCÁNGELES

"*A*hora bien, ¿Dios no les hará justicia a sus elegidos si claman a él día y noche, mientras él demora en escucharles? Todo lo contrario; pues les aseguro que Dios hará justicia a favor de ellos, y lo hará pronto" (Lc 18,6-7).*

Al pedir alguna gracia por medio de una novena, debemos humildemente someter nuestros deseos a Dios, aceptando su voluntad, porque Él sabe mejor que nosotros lo que realmente necesitamos. Recordemos hermanos que la oración hecha con fe en actitud de humildad, de acuerdo a la voluntad de Dios siempre es escuchada, y en el momento oportuno Dios actuará siempre disponiendo todo para nuestro bien.

¿QUÉ ES UN ARCÁNGEL?:

Arcángel es una palabra de origen griego y significa "Ángeles Jefes". Los Arcángeles son espíritus puros que poseen inteligencia y dones de tipo sobrenatural. Los Arcángeles también actúan como mensajeros de Dios anunciando cosas de gran importancia.

NOVENA
A LOS SANTOS ARCÁNGELES

Para conseguir la protección, ayuda y las gracias especiales que necesitamos por la intercesión de los Santos Arcángeles: Miguel, Gabriel y Rafael.
(Por nueve dios seguidos rezamos estas oraciones).

Oración a la Virgen María: "Oh María Inmaculada, estrella de la mañana que disipas las tinieblas de la noche oscura, a Ti acudimos con gran confianza. Aparta de nuestro camino tantas seducciones del gusto mundano de la vida; robustece las energías no sólo de la juventud, sino de todas las edades, que también están expuestas a las tentaciones del maligno" (Santo Padre, Juan XXIII).

SAN MIGUEL ARCÁNGEL:

"Vi después a un ángel que bajaba del cielo llevando en la mano la llave del Abismo y una cadena enorme. Sujetó al monstruo, la serpiente antigua, que es Satanás o el diablo, y lo encadenó por mil años. Lo arrojó al Abismo, cerró con llave y además puso sellos para que no pueda seducir más a las naciones hasta que pasen los mil años" (Ap 20,1-3).

San Miguel Arcángel, protégenos en el combate, como lo dice la Palabra de Dios, somos hijos de Dios y miembros de la Iglesia de Jesucristo, ven en nuestra ayuda y cúbrenos con tu escudo contra las mentiras y celadas del demonio. Que Dios lo domine y someta, instantáneamente te lo pedimos, y tú, Príncipe de la Milicia Celestial, por el Poder Divino, precipita en el infierno a Satanás y a los otros espíritus malignos que andan por el mundo para perder a las almas.

Te suplicamos San Miguel Arcángel que deshagas toda mentira e ilusión de las cuales se sirve el enemigo de Dios para hacernos caer en pecado y apartarnos del Señor. Aumenta San Miguel Arcángel en nosotros el amor a la Santa Misa y a la Sagrada Eucaristía. San Miguel, con tu espada: "Quién como Dios", defiéndenos. Actúa como lo dice la Escritura, sujetando a los demonios y encadénalos a los pies de la Santa Cruz de Jesucristo, en el Nombre de Jesús.

SAN GABRIEL ARCÁNGEL:

"Zacarías dijo al ángel: ¿Quién me lo puede asegurar? Yo ya soy viejo y mi esposa también. El Angel contestó: yo soy Gabriel, el que tiene entrada al Consejo de Dios, y he sido enviado para hablar contigo y comunicarte esta buena noticia. Mis palabras se cumplirán a su debido tiempo, pero tú, por no haber creído, te vas a quedar mudo y no podrás hablar hasta el día en que todo esto ocurra" (Lc 1,18-20).

Oh Poder de Dios, ilumínanos. San Gabriel Arcángel, que tienes entrada ante el Consejo de Dios, enviado para comunicarnos las buenas noticias de parte del Señor, te pedimos que aumentes en nosotros el amor a la Virgen María y que le presentes todas nuestras peticiones.

SAN RAFAEL ARCÁNGEL:

"Tobías salió en busca de un hombre, y encontró al ángel Rafael, pero no sabía que era ángel de Dios y le preguntó: ¿De dónde eres? El joven respondió: Soy uno de los hijos de Israel, tus hermanos, que ando en busca de trabajo" (Tb 5,4-5).

Medicina Divina y Guía, protégenos. San Rafael Arcángel defiéndenos de las potencias del mal, de las enfermedades y acompáñanos en nuestros viajes. Se nuestro consuelo en las dificultades y fortalécenos en el desánimo y en la depresión. Ilumina a los sacerdotes que nos guían y confiesan.

Quédate con nosotros, Arcángel Rafael, porque eres llamado Medicina de Dios, Medicina necesaria para nosotros. Aleja de nosotros las enfermedades del cuerpo, del alma y del espíritu; tráenos salud y toda la plenitud de la vida prometida por Nuestro Señor Jesucristo.

Intercede en unión con la Virgen María, con los Santos Ángeles y santos en el Cielo ante la Santísima Trinidad. Te suplicamos San Rafael Arcángel que por tu intercesión, Dios nos sane de: (Nombrar la enfermedad). Todo lo pedimos de acuerdo a la Voluntad de Dios y en el Nombre de Nuestro Señor Jesucristo.

Gracias Padre, Hijo y Espíritu Santo. Gracias Santísima Virgen María. También agradecemos profundamente la intercesión de los Santos Ángeles y santos del Cielo y especialmente agradecemos a los Santos Arcángeles: Miguel, Gabriel y Rafael por sus oraciones. Amén. **Tres veces:** Gloria. Recemos con amor y confianza la oración que el Señor nos enseñó: Padre Nuestro.

En esta breve oración los cristianos invocan a los Angeles Celestiales diciendo: Todos los Ángeles y Arcángeles, Tronos y Dominaciones, Principados y Potestades, Virtudes de Dios, Querubines y Serafines, alaben a Dios eternamente. Amén.

Oración a San Miguel: San Miguel Arcángel, defiéndenos en el combate, se nuestro refugio contra las maldades y celadas del demonio. Le pedimos a Dios, que lo haga inmediatamente. Y Tú, Príncipe de la Milicia Celestial, por el Divino Poder, precipita al infierno a Satanás y a todos los espíritus malignos, que andan por el mundo para perder las almas. Así sea.

Oración a San Gabriel: Oh Dios, que de todos los Santos Ángeles escogiste al Arcángel Gabriel para anunciar el misterio de la Encarnación de tu Hijo Jesucristo como nuestro Salvador, por tu gran misericordia concédeles a aquellos que con fe y júbilo celebran en la tierra tu fiesta, poder sentir los beneficios de tu protección y gloria celestial por toda la eternidad. Así sea.

Oración a San Rafael: Oh Dios, envíanos al Santo Arcángel Rafael para protegernos. Aquel que para siempre está delante de Ti en tu Santo Trono, que pueda presentar humildemente ante Ti nuestras más humildes oraciones para que sean por Ti recibidas y atendidas, por Cristo, Nuestro Señor. Así sea.

"A mitad de la noche, abandonando la cama, levántate y ora. Los antiguos nos han transmitido esta costumbre. A esta hora todo el universo descansa, bendiciendo a Dios. Las estrellas, los árboles y las aguas parecen inmóviles. Todo el ejército de los ángeles cumple su ministerio con las almas de los justos. Así, los creyentes oran a esta hora" (San Hipólito).

Capítulo 5
ORACIÓNES ESPECIALES A SAN MIGUEL ARCÁNGEL

ORACIÓN A SAN MIGUEL ARCÁNGEL COMO PROTECTOR

San Miguel Arcángel, guardián de la Iglesia, yo ... me presento ante ti humildemente y confiando en tu gran bondad, delante de todos los Angeles del Cielo, te escojo como guía y protector mío y de modo particular como mi abogado y defensor a quien prometo honrar fielmente. Asísteme durante toda mi vida de manera de que jamás ofenda al Señor Dios ni en obras, paabras, pensamientos u omisión. Defiéndeme contra las tentaciones del maligno y alcánzame una muerte serena hasta llegar a la Patria Eterna. Amén.

MENSAJE DE LA VIRGEN MARÍA SOBRE LOS ÁNGELES

(Libro: Los Sacerdotes, hijos predilectos de la Santísima Virgen)

"Con ustedes están también los Ángeles del Señor. Yo soy su Reina y están disponibles a mis órdenes porque la Santísima Trinidad ha confiado a mi Corazón Inmaculado la obra de la renovación de la Iglesia y del mundo. San Miguel está a la cabeza de todo mi Ejército Celestial y Terrenal, dispuesto ya para la batalla.

La tarea de San Miguel es la de defenderlos de los terribles ataques que Satanás desencadena contra Uds. En estos tiempos mis predilectos, los que han aceptado mi invitación y se han consagrado a mi Corazón Inmaculado y todos mis hijos que han entrado a formar parte de mi escuadrón victorioso, son el blanco hacia el cual apunta con una particular rabia y ferocidad nuestro común Adversario. Satanás los ataca en el campo espiritual con toda clase de tentaciones y sugestiones, para llevarlos al mal, a la desorientación, a la duda y a la desconfianza.

El Arcángel Miguel es Patrono de la Iglesia Universal e interviene con su gran poder, entrando en combate para liberarlos del Maligno y de sus peligrosas insidias. Por eso los invito a invocar su protección con el rezo cotidiano de la breve, pero tan eficaz plegaria de exorcismo compuesta por el papa León XIII.

San Gabriel está junto a Uds. para darles a cada uno la misma fuerza invencible de Dios, y San Rafael los cura de las numerosas heridas que a menudo Uds. reciben a causa de la gran lucha en que están empeñados.

Sientan siempre junto a Uds. los Ángeles de Dios y con frecuencia invoquen su ayuda y su protección. Ellos tienen una gran fuerza para defenderlos y para sustraerlos de todas las insidias que les tiende Satanás, adversario mío y de Uds.

ROSARIO DE SAN MIGUEL ARCÁNGEL

"Esto vale en forma especial para cierta gente que sigue los peores deseos de su naturaleza y desprecia la

majestad del Señor. Esos hombres orgullosos y atrevidos no temen insultar a los espíritus caídos, mientras que los ángeles que nos superan en fuerza y en poder no se permiten ninguna acusación injuriosa en presencia del Señor" (2P 3,10-11).

Oración sobre la medalla: Ven, oh Dios, en mi auxilio. Socórreme sin demora. Gloria.

Enseguida se toma la primera cuenta del Rosario y se reza el primer misterio. Al final deberá rezarse en las tres cuentas del Ave María, como se hizo con la medalla y se termina con Padre Nuestro por cada Ángel: Miguel, Gabriel, Rafael y por el Ángel de la Guarda.

MISTERIOS

Primer Misterio: Saludamos al Primer Coro Angelical. Pedimos, por la intercesión de San Miguel y del Coro de Serafines, que el Señor Jesús nos haga ardientes en caridad. *Amén. Padre Nuestro, 3 Ave Maria, Gloria.*

Segundo Misterio: Saludamos al Segundo Coro de Ángeles. Pedimos, por la intercesión de San Miguel y del Coro de Querubines, que el Señor nos conceda la gracia de vencer en todas las tentaciones y emprendamos una vida más cristiana. *Amén. Padre Nuestro...*

Tercer Misterio: Saludamos al Tercer Coro de Ángeles. Pedimos, por la intercesión de San Miguel y del Coro de Tronos, que el Señor nos conceda la gracia de vivir en verdadera humildad. *Amén. Padre Nuestro...*

Cuarto Misterio: Saludamos al Cuarto Coro de Ángeles. Pedimos, por la intercesión de San Miguel y del Coro de Dominaciones, que el Señor Jesús nos conceda la gracia de descubrir el sentido de nuestra vida y educar nuestros instintos. *Amén. Padre Nuestro...*

Quinto Misterio: Saludamos al Quinto Coro de Ángeles. Pedimos por la intercesión de San Miguel y del Coro de Potestades, que el Señor nos proteja contra todo mal. *Amén. Padre Nuestro.*

Sexto Misterio: Saludamos al Sexto Coro de Ángeles. Pedimos por la intercesión de San Miguel y del Coro de Virtudes, que el Señor nos anime a vivir unidos al Santo Espíritu. *Amén. Padre Nuestro...*

Séptimo Misterio: Saludamos al Séptimo Coro de Ángeles. Pedimos por la intercesión de San Miguel y del Coro de Principados, que el Señor Jesús nos enseñe a conocer la Voluntad de Dios y a cumplirla con corazón sincero. *Amén. Padre Nuestro...*

Octavo Misterio: Saludamos al Octavo Coro de Ángeles. Pedimos, por la intercesión de San Miguel y del Coro de Arcángeles, que el Señor Jesús nos conceda ser fieles a la fe cristiana y a la Iglesia Católica, así como a perseverar en ella hasta el fin. *Amén.*

Noveno Misterio: Saludamos al Noveno Coro de Ángeles. Pedimos, por la intercesión de San Miguel y del coro de Ángeles, que el Señor nos conceda el Paraíso Celestial. *Amén. Padre Nuestro...*

Oración Final: San Miguel Arcángel, ruega por nosotros. San Gabriel, *ruega por nosotros.* San Rafael, *ruega por nosotros.* Santo Ángel de la Guarda, *ruega por nosotros.*

San Miguel, Jefe y Príncipe de los Ejércitos Celestiales, vencedor de los espíritus rebeldes, se nuestro guía, dígnate librarnos de todos los males visibles o invisibles, físicos o espirituales de cualquier orden y poder, y haz que consigamos vivir fielmente la Palabra del Señor al servicio de Dios con corazón sincero y feliz.

Ruega por nosotros, San Miguel Arcángel, para que seamos dignos de las promesas de Jesucristo, Nuestro Señor. Ruega por nosotros, San Miguel Arcángel y asiste a la Santa Iglesia de Jesucristo. Dale la victoria sobre todos sus enemigos. Oh Coro de Ángeles que sirven a Dios Omnipotente: Hagan que el bien triunfe en todos los países del mundo, especialmente en Venezuela. Oh Coro de Ángeles que sirven a Dios Omnipotente: hagan que el bien triunfe en todas las familias y matrimonios del mundo, de Venezuela y en mi propia familia. Amén.

TRIDUO A SAN MIGUEL ARCÁNGEL

"Sin embargo, cuando el Arcángel Miguel, pleiteaba contra el diablo y disputaba el cuerpo de Moisés, no se atrevió a insultarlo, sino que dijo: ¡Que el Señor te reprenda!" (Judas 9).

Oración: Ven, oh Dios en mi auxilio. Socórreme Señor sin demora. *Gloria.*

Primer Día: San Miguel Arcángel, Tú que defendiste la honra del Señor empuñando el estandarte divino y exclamando: ¿Quién como Dios?, alcánzanos celo ardiente, fe inalterable para que sepamos combatir como Tú todos los males y conquistar la salvación.
Padre Nuestro, Ave María y Gloria.

Segundo Día: San Miguel Arcángel, Tú a quien el Señor confió la guarda de la Iglesia, dígnate interceder con oraciones a nuestro favor. Protégenos del espíritu de soberbia a todos los hijos de Dios, protégenos de las falsas doctrinas y del desamor en que vive el mundo. Reúne a todas las ovejas desgarradas y oprimidas, de manera de alcanzar la unidad de todos los hijos de Dios.
Padre Nuestro...

Tercer Día: San Miguel Arcángel, compadécete de nosotros en medio de tantos peligros y ayúdanos en todos los combates de esta vida. Líbranos del infierno y que podamos vivir las bienaventuranzas eternas del Cielo. *Padre Nuestro...*

LETANÍAS:

Señor,	*Ten piedad de nosotros*
Jesucristo,	*Ten piedad de nosotros*
Señor,	*Ten piedad de nosotros*
Jesucristo,	*Escúchanos*
Jesucristo,	*Atiéndenos*
Padre Celestial, que eres Dios,	*Ten piedad de nosotros*
Hijo, Redentor del mundo, Dios,	*Ten piedad de nosotros*
Espíritu Santo, Dios,	*Ten piedad de nosotros*
Santísima Trinidad, único Dios,	*Ten piedad de nosotros*
Santa María, Reina de los Ángeles	*Ruega por nosotros*
San Miguel,	*Ruega por nosotros*
San Miguel, lleno de gracia de Dios,	*Ruega por nosotros*
San Miguel, perfecto adorador del Verbo Divino	*Ruega por nosotros*
San Miguel, coronado de honra y de gloria,	*Ruega por nosotros*
San Miguel, poderosísimo Príncipe de los Ejércitos del Señor,	*Ruega por nosotros*
San Miguel, portador del estandarte de la Santísima Trinidad,	*Ruega por nosotros*

Trinidad Santa,	*Ruega por nosotros*
San Miguel, guardián del Paraíso,	*Ruega por nosotros*
San Miguel, guía y consolador del Pueblo Israelita,	*Ruega por nosotros*
San Miguel, esplendor y fortaleza de la Iglesia Militante,	*Ruega por nosotros*
San Miguel, honra y alegría de la Iglesia Triunfante,	*Ruega por nosotros*
San Miguel, luz de los Ángeles,	*Ruega por nosotros*
San Miguel, baluarte de los cristianos,	*Ruega por nosotros*
San Miguel, fuerza de aquellos que combaten con el estandarte de la Cruz,	*Ruega por nosotros*
San Miguel, luz y confianza de las almas en el último momento de su vida,	*Ruega por nosotros*
San Miguel, socorro certero,	*Ruega por nosotros*
San Miguel, nuestro auxilio en todas las adversidades,	*Ruega por nosotros*
San Miguel, ejecutor de la Sentencia Eterna,	*Ruega por nosotros*
San Miguel, consolador de las almas que están en el Purgatorio,	*Ruega por nosotros*
San Miguel, a quien el Señor asignó para recibir las almas que están en el Purgatorio,	*Ruega por nosotros*
San Miguel, nuestro príncipe,	*Ruega por nosotros*
San Miguel, nuestro abogado,	*Ruega por nosotros*

Cordero de Dios, que quitas los pecados del mundo,
Perdónanos, Señor.
Cordero de Dios, que quitas los pecados del mundo,
Atiéndenos, Señor.

Cordero de Dios, que quitas los pecados del mundo,
*Ten piedad de nosotro*s

Cristo, *Escúchanos*
Cristo, *Atiéndenos*

Ruega por nosotros, oh Glorioso San Miguel, Príncipe
de la Iglesia de Cristo, para que seamos dignos de sus
promesas. Amén.

COMO VENCIÓ SAN MARTIN
DE PORRES AL ENEMIGO

*"Sin embargo, cuando el Arcángel Miguel, pleiteaba
contra el diablo y disputaba el cuerpo de Moisés, no se
atrevió a insultarlo, sino que dijo: ¡Que el Señor te
reprenda!" (Judas 9).*

El diablo quiso probar y ver si en los
últimos momentos de San Martín de Porres lograba
vencerle, a quien por espacio de 60 años le había vencido.
Se acercó, de manera invisible, a la cama del enfermo y
comenzó a atacarle ventajosamente. Lucifer no encontró
mejor medio para vencerle que atacar la mente del mori-
bundo con pensamientos de soberbia. El enemigo le
decía: Ya has vencido y tienes bajo tus pies todos los ob-
stáculos: eres un santo. Puedes, por lo tanto, adoptar la
actitud de los vencedores y triunfadores". Pero San
Martín de Porres redobló sus actos de humildad.

Sin embargo, el enemigo no cedía y multiplicó
los esfuerzos por derrotarle, pues de haber abierto algu-

na puerta, todo el edificio se hubiese desmoronado. Insistía con la monotonía de la gota del agua sobre la dura roca. Esperaba que por cansancio San Martín cedería a sus sugestiones diabólicas. La angustia se exteriorizaba en el rostro de Fray Martín. Los hermanos le seguían con ánimo y oraban. De pronto dijo uno de sus amigos: Fray Martín, no entréis en discusión con el demonio, que es capaz de hacer ver que lo negro es blanco y lo blanco negro.

El santo abrió los ojos y aún pudo responder, sonriendo, al Padre que le había hecho la prudente observación: No tenga cuidado. El demonio no empleará sus sofismas con quien no es maestro de Teología. Es demasiado soberbio para ocuparse así con un pobre mulato. Desconcertado por la ironía, Satanás se dio por vencido.

Capítulo 6

EL COMBATE ESPIRITUAL

EL ARMAMENTO DE DIOS

"Ponte la armadura, toma el escudo y ven a socorrerme. Con lanza y espada te paras frente a mis perseguidores, y a mí me dices: Yo soy tu Salvación" (Sal 35,2-3).

LAS ARMAS DEFENSIVAS:

Las armas defensivas son el escudo, el yelmo, la coraza, las grebas, el calzado o sandalias.

LAS ARMAS OFENSIVAS:

Entre las armas ofensivas de Dios encontramos la espada, la lanza o jabalina, flecha y arco, honda, los carros de guerra. Los salmos 46,10 y el Salmo 76,4 nos hablan de que Yavé aprovecha para sus fines o destruye las armas de los hombres. En el Nuevo Testamento encontramos que en 1P 4,1 Pablo presenta su misión como una Milicia de Cristo, sus armas son eficaces (2Co 6,7; 10,4); (Rm 6,13; 13,12). En el Antiguo Testamento Yavé aparece rodeado de todas sus armas (Is 42,13). Pero las armas de Yavé están espiritualizadas y Él las utiliza a favor de los que en Él confían.

LA ARMADURA ESPIRITUAL DE DIOS Y DE TODO CRISTIANO:

"Yavé avanza como un héroe, y se enardece como un

guerrero. *Pronuncia su arenga y lanza su grito de combate, y ataca a los enemigos como un valiente"*
(Is 42,13).

Cinturón, coraza, calzado, escudo, yelmo, espada: armadura del legionario romano del tiempo de Pablo, el cristiano ha de dar la batalla espiritual contra las potencias enemigas de Dios (Ef 6,10).

USANDO LA ARMADURA DE DIOS:

"Por lo demás, háganse robustos en el Señor con su energía y su fuerza. Pónganse la armadura de Dios, para poder resistir las maniobras del diablo. Porque nuestra lucha no es contra fuerzas humanas, sino contra los Gobernantes y Autoridades que dirigen este mundo y sus fuerzas oscuras. Nos enfrentamos con los espíritus y las fuerzas sobrenaturales del mal" (Ef 6,10-12).

Cristo vino a derrotar al Príncipe de las tinieblas y nosotros los Cristianos sabemos que tenemos que luchar hasta que venga Jesús por segunda vez.

"Por eso pónganse la armadura de Dios, para que en el día malo puedan resistir y mantenerse en la fila, valiéndose de todas sus armas. Tomen la Verdad como cinturón, la Justicia como coraza, y, como calzado, el celo por propagar el Evangelio de la paz. Tengan siempre en la mano el escudo de la Fe, y así podrán atajar las flechas incendiarias del demonio. Por último, usen el casco de la Salvación y la espada del Espíritu, o sea, la Palabra de Dios" (Ef 6,11-17).

Es necesario que nos pongamos ésta armadura para poder enfrentar el combate, no podemos arriesgarnos a salir sin armas a la guerra. Es verdad que San Miguel Arcángel pelea unido a Dios, a María y a los Ángeles en esta batalla que existe contra el mal y viene en nuestra defensa, pero nosotros de alguna manera también formamos parte de ese Ejército de Dios y tenemos que hacer nuestra parte. Salir sin armas a la guerra sería una locura de nuestra parte.

EL COMBATE DEL CRISTIANO

*"**C**ombate el buen combate, conservando la fe y la conciencia recta; algunos, por haberla rechazado, naufragaron en la fe" (1 Tm 1,18-19).*

La fe es un don gratuito que Dios da al hombre y este don podemos perderlo. A esto se refiere la lectura de la Palabra de Dios en 1 Timoteo 1,18-19. Para vivir, crecer y perseverar hasta el fin en el camino que nos señala Dios, necesitamos creer en El. Por medio de la Palabra de Dios nuestra fe se fortalece, es por eso que la Iglesia nos recomienda leerla diariamente. Por otra parte, la Palabra de Dios es un escudo contra los ataques del enemigo y es alimento para nuestras almas.

En el bautizado permanece cierta inclinación al pecado o concupiscencia. Nuestra lucha no sólo es contra el enemigo de Dios, sino contra nuestra propia inclinación a pecar que nos viene del pecado original de Adán y Eva.

EN COMBATE CON LA ORACIÓN DE FE:

La oración de fe nos ayuda a aceptar la Voluntad de Dios y a realizar lo que Él nos pide. Poco a poco iremos creciendo en intimidad con Dios y seremos fortalecidos para poder vencer las tentaciones y al enemigo.

"Vivan orando y suplicando. Oren en todo tiempo según les inspire el Espíritu. Velen en común y prosigan sus oraciones sin desanimarse nunca, intercediendo a favor de todos los hermanos" (Ef 6,18).

Este combate y victoria del cristiano entre la carne y el espíritu sólo son posibles por medio de la oración. Además orar es un mandato que nos ha sido dado por Dios, si oramos Dios nos protegerá y no permitirá que nada malo nos pase.

¿CÓMO PUEDE EL HOMBRE PROTEGERSE DE LOS ATAQUES DE LOS DEMONIOS?

Renunciando al mal, y aceptando a Jesucristo como su Señor y Salvador. Consagrándose al Inmaculado Corazón de María y al Sagrado Corazón de Jesús. Cumpliendo los mandamientos de Dios, creciendo en virtudes, leyendo la Biblia, asistiendo a la Santa Misa los domingos y recibiendo Sacramentos con frecuencia. Confesar por lo menos una vez al año los pecados ó cuando se tiene conciencia de haber caído en pecado grave, y orando en todo momento, como ya dijimos anteriormente.

Si la persona en algún momento siente perturbaciones o ataques muy fuertes del enemigo, debe recurrir a la oración de autoliberación, la cual siempre será hecha en el Nombre de Jesús, con la intercesión de la Virgen María, de San Miguel Arcángel y de los demás Ángeles Celestiales, y con la intercesión de los santos de la Iglesia.

Si la perturbación es muy fuerte, se debe discernir si es un caso de liberación o de Exorcismo. Cuando la Iglesia pide públicamente y con autoridad, en Nombre de Jesucristo, que una persona o un objeto sea protegido contra las asechanzas del maligno y sustraída a su dominio, se habla de *exorcismo*.

En forma sencilla cuando hemos sido bautizados hemos recibido el exorcismo. El exorcismo solemne sólo puede ser practicado por un sacerdote y con el permiso del obispo. Mediante el exorcismo se intenta expulsar a los demonios o liberar del dominio demoníaco, gracias a la autoridad espiritual que Jesús ha confiado a su Iglesia.

Oración: Padre Celestial, en Nombre de Jesucristo y con la poderosa intercesión de la Santísima Virgen María y de San Miguel Arcángel, te suplico que me vistas de gracia. Hoy de manera muy especial, te pido que me coloques la armadura que me has prometido en Efesios 6,11-17. Padre Santo, une mi corazón al Corazón de Jesús y al Inmaculado de María, dame un corazón de guerrero y la fortaleza y sabiduría divina para resistir con firmeza los embates del mal. Alcánzame siempre la victoria sobre el mal.

Padre Celestial, en el Nombre de Jesucristo prometo servirte en todo lo que Tú desees y darte siempre gracias y gloria por todo; así como realizar todo en nombre de Jesucristo, tu Hijo. Amén.

LOS ÁNGELES BUENOS NOS DEFIENDEN DE LOS ATAQUES DEL ENEMIGO

"No te tocará el mal, ni el azote se acercará a tu morada; porque Dios ha mandado a sus Ángeles que tengan cuidado de ti y te guarden en todos tus caminos; llevarte han sobre las palmas de sus manos porque tus pies no tropiecen en las piedras" (Sal 90,10).

En el Salmo 90,10 podemos ver tres grandes favores que Dios hace al hombre: *Primero*, Dios cuida de nosotros y envía no a un ángel, sino a sus ángeles. *Segundo*, nos guardan en todos nuestros caminos y pasos, en cualquier parte del mundo en que nos encontremos. *Tercero*, nos traen en las palmas de sus manos para que no tropecemos, preservándonos de las ocasiones en que podríamos estar en peligro y caer.

ORACIÓN A SAN MIGUEL ARCÁNGEL:

Oh Ángeles Benditos, tengan cuidado siempre de mí, para que ni el mal se me acerque, ni el pecado me derribe, ni cese de servir a quien nunca cesa de ampararme: Dios. San Miguel Arcángel, te suplico que me acompañes siempre junto con los Santos Ángeles que Dios me ha asignado en la vida. Te suplico que me concedas la victoria de Cristo en todas mis batallas contra el mal. Ampárame bajo tus poderosas alas y con tu espada derrota al enemigo de Dios que quiere destruirme. Ayúdame San Miguel Arcángel a alcanzar la salvación de mi alma. Amén.

¿CÓMO SER MENOS VULNERABLES ANTE LOS ATAQUES DEL MALIGNO?

a) Abandonando el pecado.
b) Arrepintiéndonos y confesando
   los pecados ante el Sacerdote.
c) Pongámonos la Armadura de Dios.
d) Acudamos a la Santa Misa los domingos, acercamiento a los Sacramentos y Eucaristía frecuentes.
e) Crezcamos en discernimiento.
f) Crezcamos en virtudes y viviendo con pureza.

g) Perdonemos todo a todos siempre
y perdonándonos a nosotros mismos.

h) Abandonemos la idolatría, el ocultismo
y toda clase de supersticiones.

i) Abandono de las pasiones por medio
de la Gracia de Dios.

j) Oración diaria y lectura diaria
de la Palabra de Dios.

k) Haciendo obras buenas.

l) Asistiendo a una Célula de Evangelización.

ORACIÓN PARA PERDONAR Y OBTENER LA GRACIA DE PERDONAR:

Jesús, en tu Santo Nombre te pido que me ayudes a amar y a orar por los hermanos que me han herido porque yo se que Tú los amas y los perdonas incondicionalmente como lo haces conmigo.

En este momento, en el Nombre de Jesucristo doy libertad a través de la Luz Sanadora de Jesucristo a cualquier resentimiento o falta de perdón que yo abrigue hacia mis hermanos. Baña Jesús con la Luz del Espíritu Santo todas las áreas oscuras de mi ser y revélame mi pecado. Dame la gracia de perdonar todo a todos.

En el Nombre de Jesús, te elevo en oración en este momento a esa persona que me haya hecho más daño en mi vida (nombrar a la persona) y pido que tu Bendición Jesús sea derramada en su vida hoy. Te doy gracias Señor por estar libre del mal de falta de perdón. Amén.

SOR FAUSTINA Y COMO VENCIÓ AL ENEMIGO:

Después de la adoración, a medio camino hacia mi celda, fui cercada por una gran jauría de perros negros, enormes, que saltaban y aullaban con una intención de desgarrarme en pedazos. Me di cuenta de que no eran perros sino demonios. Uno de ellos me dijo con rabia: como esta noche nos has llevado muchas almas, nosotros te desgarraremos en pedazos. Contesté: si tal es la voluntad de Dios misericordiosísimo, desgárrenme en pedazos, porque me lo he merecido justamente, siendo la más miserable entre los pecadores y Dios es siempre santo, justo e infinitamente misericordioso. A estas palabras, los demonios todos juntos contestaron: Huyamos porque no está sola, sino que el Todopoderoso está con ella. Y desaparecieron del camino como polvo, con rumor, mientras yo tranquila terminando el Te Deum, iba a la celda contemplando la infinita e insondable Misericordia Divina.

TENEMOS QUE DEFINIRNOS

*"**Q**uien no está conmigo, está contra mí y quien no junta conmigo desparrama" (Lc 11,23).*

Hay que tomar una decisión definitiva: ¿Con quién estás?, ¿Con Dios o con el diablo? Hermano no hay términos medios. Sabemos que Dios es el vencedor de la partida, es el más fuerte: Él es Todopoderoso y derrotó al enemigo: el diablo. Dios hoy te pregunta: ¿Y tú, en qué bando estás? Respóndele ahora, ya que Él está esperando tu respuesta.

Por otra parte la Palabra de Dios nos advierte:

"Cuando un hombre fuerte y bien armado guarda su casa, todas sus cosas están seguras, pero si llega uno más fuerte y lo vence, le quita la armadura en que confiaba y distribuye todo lo que tenía" (Lc 11,21-22).

No podemos jugar con fuego, ya que aquel que juega con fuego tarde o temprano se quema. No nos expongamos a perder la amistad de Dios visitando brujos, o practicando cosas contrarias a nuestra fe.

Cumplamos los mandamientos y aceptemos la Voluntad de Dios en todo. Si perdemos la amistad de Dios, irremediablemente le damos la espalda a El, nos acercamos al enemigo, y perderemos nuestra salvación. No podrás echarle la culpa a nadie, ya que eres tú el que decide.

La salvación, la Palabra de Dios, la Iglesia, no son cuentos de viejas, ni sólo para mujeres, está dirigida a todos: hombres, mujeres, ancianos y niños de ambos sexos, y esto es una gran verdad.

No podemos dejar toda la responsabilidad sobre los miembros de nuestra familia que oran. Ten-

emos que comenzar a caminar un camino de conversión de corazón y dejar las medias tintas a un lado. Hay que tomar grandes decisiones. Hay que empezar a caminar en los caminos del Señor. El camino angosto que lleva a la Salvación es éste de cumplir todo lo que nos ha pedido Dios en su Palabra Divina: Jesucristo. No hay otro camino por el que podamos ser salvados y liberados del mal.

NO CAIGAMOS EN ERRORES:

A veces se acercan personas a la Comunidad, perturbadas por haber participado en ritos contrarios a nuestra fe, y dicen: sí, es verdad, yo he estado en esos sitios de brujería, y allí he recibido sanación o la solución de algún problema.

Estas personas no se dan cuenta de que el enemigo concede cosas para ganarlas, para hacerles perder la eternidad con Dios, para ponerlas de su lado. Pero después, poco a poco irán haciendo de sus vidas un verdadero infierno aquí en la tierra, y después sufrirán un infierno eterno.

Cuando la persona cae en pecado mortal, ésta en vez de estar rodeada de los Ángeles Celestiales, estará rodeada de lo ángeles caídos o demonios, y ya sabemos quién comanda ese ejército del mal. ¿Por qué empeñarse en vivir en pecado?, ¿Por qué empeñarse en no confesar con el Sacerdote, para que dejen de acercársenos esos demonios?

LÍBRANOS SEÑOR DE TODO MAL:

De todo mal y peligro,	*Líbranos, Señor*
De perder mi alma,	*Líbranos, Señor*
De apartarme del cumplimiento de los mandamientos,	*Líbranos, Señor*
De toda tentación,	*Líbranos, Señor*
Del pecado en todas sus formas,	*Líbranos, Señor*
De ofender a Dios: con dudas, burlas, blasfemias, maldiciones,	*Líbranos, Señor*
De apartarme de la Iglesia Católica creada por Jesucristo,	*Líbranos, Señor*
De comulgar indebidamente,	*Líbranos, Señor*
De tener en mi corazón sentimientos contrarios a los de Cristo,	*Líbranos, Señor*
De cualquier odio o resentimiento, y de no perdonar	*Líbranos, Señor*
De los escándalos,	*Líbranos, Señor*
De las asechanzas del enemigo,	*Líbranos, Señor*
De todo derramamiento de sangre,	*Líbranos, Señor*
De toda mala hora y de toda mala decisión,	*Líbranos, Señor*
De todo mal pensamiento,	*Líbranos, Señor*
De toda sugestión del enemigo,	*Líbranos, Señor*
De toda perturbación maligna,	*Líbranos, Señor*
De toda opresión y obsesión del enemigo,	*Líbranos, Señor*
De toda posesión maligna,	*Líbranos, Señor*
De la desesperación y de todo deseo de suicidio,	*Líbranos, Señor*
De las críticas, de los chismes y de toda maledicencia,	*Líbranos, Señor*

De la ruina económica, física,
emocional y espiritual,   *Líbranos, Señor*

De los vicios: alcoholismo,
drogadicción, juegos de azar,   *Líbranos, Señor*

De la inconstancia,   *Líbranos, Señor*

De la idolatría y supersticiones,   *Líbranos, Señor*

De los maleficios y maldiciones
de pecado,   *Líbranos, Señor*

De todo demonio,   *Líbranos, Señor*

De la maldad y los robos,   *Líbranos, Señor*

De la gula, ocio, pereza
e irresponsabilidad,   *Líbranos, Señor*

De las calumnias,   *Líbranos, Señor*

De las mentiras, engaños
y de todo encubrimiento
de la verdad,   *Líbranos, Señor*

De tomar el Nombre
de Dios en vano,   *Líbranos, Señor*

De Jurar en falso,   *Líbranos, Señor*

De usar la Palabra
de Dios según mis intereses
y propios criterios,   *Líbranos, Señor*

De las divisiones, la envidia,
la soberbia, el orgullo,   *Líbranos, Señor*

Del amor al dinero, de la
avaricia y de la codicia   *Líbranos, Señor*

De la violencia, de la ira,
del mal humor, de la amargura,   *Líbranos, Señor*

De la tristeza,
de la depresión y del miedo,   *Líbranos, Señor*

De toda confusión y oscuridad
de la conciencia,   *Líbranos, Señor*

De la vanidad, del materialismo,
del racionalismo,   *Líbranos, Señor*

De la desobediencia y rebeldía	*Líbranos, Señor*
De la fornicación y adulterio	*Líbranos, Señor*
De toda relación sexual prohibida: orgías, homosexualidad, incesto, masturbación, adulterio, violaciones, y relaciones prematrimoniales	*Líbranos, Señor*
De todo pensamiento impuro,	*Líbranos, Señor*
De toda evasión de la realidad,	*Líbranos, Señor*
De toda sed de poder y placer alejado de Dios,	*Líbranos, Señor*
De ir contra la Voluntad de Dios,	*Líbranos, Señor*
De perder la fe, la esperanza y la caridad,	*Líbranos, Señor*
Del desamor,	*Líbranos, Señor*
De la peste, de la guerra y de toda plaga de Egipto como consecuencia del pecado,	*Líbranos, Señor*
De la enemistad con Dios,	*Líbranos, Señor*
De toda falsa creencia y falsa religión, de toda secta,	*Líbranos, Señor*
De toda mala amistad,	*Líbranos, Señor*
De todo desorden en mi vida y en mi familia,	*Líbranos, Señor*

ORACIÓN A SAN MIGUEL ARCÁNGEL:

San Miguel Arcángel, Príncipe de los Ejércitos Celestiales te ruego en Nombre de Jesús y de la Virgen María que vengas en mi ayuda de inmediato. Asísteme con todos los Santos Ángeles, y alcánzame la victoria sobre mí mismo, sobre mis pasiones desordenadas, sobre las tentaciones, y en cada batalla que me toque enfrentar. Forma un escudo impenetrable alrededor de mí, de mi familia y de mis bienes. Amén.

Capítulo 7
EL PODER DE DIOS Y EL DEL ENEMIGO

EL PODER DE DIOS

¿QUIÉN ES TODOPODEROSO?:

"¡Aleluya! ¿Quién salva, y quién tiene gloria y poder sino nuestro Dios? Sus juicios son verdaderos y justos" (Ap 19,1-2).

El más terrible y potente ejército es nada ante la Majestad de Dios. Dios es todopoderoso y omnipotente, y toda la creación le está sometida, no existe nada ni nadie que se salga de su dominio.

EL SEÑORÍO DE JESUCRISTO:

Dios Padre tiene poder, Jesús también tiene poder, al igual que el Espíritu Santo.

"Digno es el Cordero, que ha sido degollado, de recibir el poder y la riqueza, la sabiduría y la fuerza, la honra, la gloria y la alabanza" (Ap 5,12).

Ahora bien, éste poder y ésta gloria la tiene Dios: Padre, Hijo y Espíritu Santo por la eternidad, nunca será vencido por el enemigo, nunca nadie le arrebatará lo que a Él le pertenece. Ningún hijo de Dios le puede ser arrebatado de las manos de Dios. La única forma es que acepte lo que propone el enemigo, por un acto de la voluntad de la persona, ya que Dios respeta la libertad del hombre. Dios le aconseja, pero no lo forzará nunca a pecar o a caer en tentación.

"Al que está sentado en el trono y al Cordero, alabanza, honor, gloria y poder por los siglos de los siglos" (Ap 5,13).

A Dios se le somete la creación entera y hasta los mismos abismos. A Dios se le somete el enemigo de Dios. Dios ya venció el poder del enemigo o diablo. Y por medio de Jesucristo, nosotros somos protegidos del enemigo y el Señor lo vence con su Poder.

"¿Qué es el hombre para que te acuerdes de él? ¿Qué es el Hijo del hombre para que lo tomes en cuenta? Por un momento lo pusiste más bajo que los ángeles, pero lo coronaste de gloria y de honor. Le sometiste todo, poniendo todo bajo sus pies. Cuando se dice que Dios le sometió todo, no se hace ninguna excepción" (Hb 2,6-8).

Los Santos Ángeles y los ángeles caídos también se le someten a Dios, a quien deben obedecer. Proclamar el Señorío de Jesucristo en nosotros, es entregarle el control a Dios de nuestras vidas para que Él haga su Santa Voluntad con nosotros. Esto es ponerse en las manos de Dios, para que el Señor tome las decisiones que sean necesarias para nuestra salvación.

Proclamo el Señorío de Jesucristo en mi vida: Mi amado Señor Jesús, yo te pertenezco, me entrego a Ti Señor libre y voluntariamente, soy tuyo para siempre. Yo me someto a ti Señor Jesús, único Dios verdadero y hago esto libre y espontáneamente, te ruego Señor Jesús que tomes las decisiones necesarias para que mi alma alcance la Salvación que solamente Tú puedes darme. Que toda mi vida esté siempre en conformidad con la Voluntad de Dios. Amén.

EL PODER DE LAS LLAVES DEL REINO DE LOS CIELOS:

"A ti te daré las llaves del Reino de los Cielos; y lo que ates en la tierra quedará atado en los Cielos, y lo que desates en la tierra quedará desatado en los Cielos"

(Mc 16,19).

La Iglesia ha recibido las llaves del Reino de los Cielos, a fin de que se realice en ella la remisión de los pecados por la Sangre de Cristo y por la acción del Espíritu Santo. En esta Iglesia es donde revive el alma, que estaba muerta por los pecados, a fin de vivir con Cristo, cuya gracia nos ha salvado.

Los sacerdotes han recibido un poder que Dios no ha dado ni a los Ángeles, ni a los Arcángeles...

Dios castiga allá arriba todo lo que los sacerdotes hagan aquí abajo. Si en la Iglesia no hubiera remisión de los pecados, no habría ninguna esperanza, ninguna expectativa de una vida eterna y de una liberación eterna.

El apóstol de Cristo es enviado en Nombre de Cristo a atar y desatar los pecados de los hombres, esto lo realizan los sacerdotes por medio del Sacramento de la Confesión o Reconciliación. No existe otro medio para ello. Las palabras atar y desatar significan: aquel a quien excluyas de tu comunión, será excluido de la comunión con Dios; aquel a quien recibas de nuevo en tu comunión, Dios lo acogerá también en la suya. La Reconciliación con la Iglesia es inseparable de la Reconciliación con Dios.

EL PODER DE SATANAS

"Tu corazón se había ensoberbecido por tu belleza. Tu sabiduría se había corrompido por tu grandeza, y yo te puse como escarmiento ante los reyes. Por la multitud de tus delitos, y la injusticia de tu comercio, profanaste tus santuarios; y yo sacaré de ti mismo un fuego que te devore, que te reduzca a cenizas ante los ojos de cuantos te contemplan. Todos los pueblos que te conocían están espantados por causa tuya, te has convertido en objeto de terror y desaparecerás para siempre" (Ex 28,17-19).

El poder de Satanás no es infinito como el de Dios. Él no es más que una criatura, poderosa por el hecho de ser espíritu puro, pero sólo es criatura y éste no puede impedir la edificación del Reino de Dios.

Queridos hermanos, no estamos solos en esta lucha contra las fuerzas del mal, sino que nos acompañan y pelean por nosotros la Santísima Virgen María, San Miguel Arcángel, y todos los Ángeles Celestiales, todos ellos unidos a la Santísima Trinidad, quien ejecuta su Santa Voluntad y con su poder derrota al enemigo.

LOS SANTOS Y EL ENEMIGO

Palabras del Señor Jesús
a Sor Faustina y para nosotros:

"No tengas miedo, hija mía, de nada, todos los adversarios quedarán destruidos a mis pies. No temas, Yo estoy siempre contigo".

SAN ANTONIO ABAD NOS ACONSEJA:

"Contra los demonios, la mejor arma para atacarles es una vida honesta y la confianza en Dios. Tiemblan ante el ayuno, la ascesis, las vigilias, la oración, la paz y la mansedumbre, el amor a los pobres, la bondad, la mi-sericordia, y sobre todo, la obediencia a Cristo. Manteneos firmes y orad. Los demonios no omiten nada para impedirnos llegar al cielo; no quieren que subamos al lugar de donde ellos cayeron. Por eso se necesita mucha oración y disciplina ascética para que uno pueda recibir del Espíritu Santo el don de discernimiento de espíritus para conocerlos y vencerlos. No debemos asustarnos de sus asechanzas, pues se las desbarata prontamente con la oración, con el ayuno y la confianza del Señor".

Capítulo 8
EXORCISMO U ORACIÓN DE LIBERACIÓN

¿QUÉ ES UN EXORCISMO?

El P. Amorth nos responde: "El exorcismo es un Sacramental. El Código de Derecho Canónico Nº 1166 define los Sacramentales como 'Signos Sagrados', por los que, a imitación en cierto modo de los Sacramentos, se significan y se obtienen por intercesión de la Iglesia unos efectos principalmente espirituales. Mientras los Sacramentos fueron instituidos por Jesucristo y son gestos actuales de Jesús, los Sacramentales los propone la Iglesia. La Iglesia ha instituido el Sacramental del Exorcismo precisamente para dar más eficacia al poder conferido por Cristo a todos los creyentes. El Exorcismo sólo puede ser practicado por un Sacerdote que ha recibido una licencia o permiso especial de parte de un Obispo".

Los Apóstoles y los Discípulos de Jesús exorcizan:

Jesús hizo algunas promesas a sus seguidores, a los que le sirvan en su Iglesia, a sus ungidos, aquí presentamos algunas de ellas:

a) Los servidores de Jesucristo tienen la autoridad de Cristo y su Poder para expulsar al demonio y para sanar enfermedades.

"Convocando a los Doce, les dio autoridad y poder sobre todos los demonios y para curar enfermedades" (Lc 9,1).

b) La predicación de la Palabra de Dios por parte de los que han sido llamados a trabajar por el

Reino de Dios en la Iglesia de Jesucristo, irá siempre acompañada de las mismas señales de Jesús cuando predicó en la tierra.

"Y llama a los Doce y comenzó a enviarlos de dos en dos, dándoles poder sobre los espíritus inmundos. Y yéndose de allí, predicaron que se convirtieran; expulsaban a muchos demonios, y ungían con aceite a muchos enfermos y los curaban" (Mc 6,7-13).

c) Todo servidor elegido por el Señor para trabajar en su Iglesia tendrá su recompensa, su nombre está escrito en los Cielos.

"Después de esto, designó el Señor a otros setenta y dos, y los envió de dos en dos delante de sí, a todas las ciudades y sitios a donde él había de ir. Regresaron los setenta y dos alegres, diciendo: Señor, hasta los demonios se nos someten en tu nombre". Él les dijo: No se alegren de que los espíritus se os sometan; alegraos de que vuestros nombres estén escritos en los cielos" (Lc 10,1.17-20).

d) ¿Qué es lo que ocurre cuando nos ponemos al servicio de Dios, cumpliendo su Santa Voluntad?

"En cambio, el que se une al Señor, se hace con él un mismo espíritu" (1Co 6,17).

e) Por tal motivo, Jesús cumple su promesa con sus servidores y con todo aquel que crea en El:

"El que cree en mi hará cosas mayores. Porque yo voy al Padre y lo que ustedes pidan en mi Nombre, lo haré yo, para que el Padre sea glorificado en su Hijo. Y también, si me piden algo en mi Nombre, yo lo haré"
(Jn 14,12-14).

LAS COMUNIDADES Y LOS LAICOS PUEDEN REZAR POR LIBERACIÓN

Al servicio de la Iglesia:

Toda comunidad ó miembro de la Iglesia que cumpla los requisitos necesarios puede hacer la oración de liberación, es decir, que sigan las instrucciones que nos da la Iglesia y que están contenidas en la Palabra de Dios. Es necesario recalcar que puede realizarse la oración de liberación, pero siempre evitando utilizar las oraciones del exorcismo formal de la Iglesia, debido a que ésta sólo puede hacerlo un sacerdote auto-rizado por un obispo.

El fiel deberá estar trabajando bajo las órdenes de un sacerdote y estar sirviendo como miembro activo de una comunidad. Nunca caer en la tentación de trabajar aisladamente, sin el apoyo y envio de la Iglesia el cual se hace por medio de un sacerdote, que es el mismo apoyo y envío que nos hace Cristo. Recordemos que Cristo y la Iglesia son uno:

"Y estas señales acompañarán a los que crean: en mi Nombre echarán los espíritus malos, hablarán en nuevas lenguas, tomarán con sus manos las serpientes, y si beben algún veneno, no les hará ningún daño. Pondrán las manos sobre los enfermos y los sanarán" (Mc 16,17).

Dios manifiesta su poder por medio de los sacerdotes y laicos:

"Por las manos de los Apóstoles se realizaban muchas señales y prodigios en el pueblo. También acudía la multitud de las ciudades vecinas a Jerusalén trayendo enfermos y atormentados por espíritus inmundos; y todos eran curados" (Hch 5,12-16).

En otro capítulo de Hechos leemos y podemos observar cómo se cumplen las promesas de Cristo en sus servidores:

"Dios obraba por medio de Pablo milagros no comunes, de forma que bastaba aplicar a los enfermos los pañuelos o mandiles que había usado y se alejaba de ellos las enfermedades y salían los espíritus malos"

(Hch 19,11-12).

Estas promesas se cumplen en todos los servidores de Cristo: los de ayer, los de hoy y en los tiempos que vendrán. Nuestra Iglesia y sus diversas comunidades, especialmente aquellas que pertenecen a la Renovación Carismática vemos las maravillas que Dios obra por medio de sus servidores, donde se cumplen las promesas de Cristo: los cojos caminan, los ciegos ven, los enfermos de todo tipo son sanados por el Poder de Dios y gracias a la fe que se tiene en Él.

Los oprimidos por el demonio son liberados con la fuerza y el poder de Dios actuando a través de sus servidores. Con la fuerza y el poder de la espada del Espíritu Santo, es decir, con la fuerza y el poder de la Palabra de Dios: Jesucristo.

TESTIMONIO DE UN SERVIDOR DEL SEÑOR:

Después de haber participado en un Retiro Básico de la Renovación Carismática impartido en la Comunidad Los Samaritanos, donde recibí el Bautizo en el Espíritu Santo y fuego, el sacerdote me asignó al ministerio de sanación. La primera vez que junto con otro servidor impusimos las manos en el Nombre de Jesús sobre un enfermo, ocurrió lo siguiente: en el Nombre de Jesucristo y con la intercesión de la Virgen María y de

San Miguel Arcángel, de los Santos Ángeles y de los Santos pedimos sanación física por esa persona. De inmediato, la persona comenzó a retorcerse y se inició una manifestación maligna.

Imagínense yo tan nueva en este servicio al Señor. En un primer momento nos asustamos, y nuestro deseo era salir corriendo de allí. Pero, de repente, sentí una gran confianza y fortaleza que sabían no eran mías, sino que venía de Dios. Alenté a mi compañera para que continuáramos orando en el Nombre de Jesús, y que ella me apoyara con la oración en lenguas. Sabía que ya Dios estaba actuando con su Poder Sanador y Liberador.

Después de varios minutos, los que nos parecieron interminables, la persona recibió liberación y el mal fue expulsado a través del vómito. Entonces, para nuestra sorpresa, la persona que recibía la oración se unió a la oración de alabanza, creciendo ésta en intensidad. No existen palabras que puedan expresar nuestra inmensa alegría por lo que Dios había obrado en la persona por la cual orábamos, y hacia la cual el Señor nos hacía experimentar un gran amor, como si la conociéramos desde hace mucho tiempo. Qué podemos hacer, sino alabar, glorificar, adorar a Dios y dar gracias por tantos beneficios que nos ha dado y que ni siquiera merecemos. Gloria a Dios. Aleluya.

EL EXORCISMO DE SAN MIGUEL ARCÁNGEL:

Nuestro Señor Jesucristo le dijo a María Graf-Sutter: *"Manda el enemigo que ceda. Reza diariamente el Exorcismo y después entrégame los pecadores en mis Santas Llagas... a fin de luchar con la fuerza de Dios contra el enemigo de las almas. Di a los sacerdotes que recen el Exorcismo sobre todos los enemigos de la Iglesia. Si los sacerdotes supieran qué poder les di con esta oración, podrían alejar al enemigo..."*

Este Exorcismo fue compuesto por el Santo Padre León XIII y en una oportunidad lo hizo rezar en presencia de 80.000 peregrinos. Este Exorcismo lo pueden rezar todos los fieles privadamente, ya que no se trata del Exorcismo que utilizan los sacerdotes y que requiere el permiso de un Obispo.

TESTIMONIO
DE UN SERVIDOR DEL SEÑOR:

Recuerdo que en una oportunidad una hermana de la comunidad me relató la siguiente experiencia que tuvo al visitar una cárcel de la ciudad. Ese día se suscitó un lío, y secuestraron algunas personas que se encontraban visitando a los presos. Ella estaba allí evangelizando en una de las celdas. Los presos cerraron las puertas, y por más que la hermana les suplicaba que la dejaran salir, ellos se resistían a hacerlo.

Esta hermana en medio de su angustia, comenzó a orar silenciosamente, suplicando a la Virgen María que intercediera por ella y la ayudara a salir. Le pidió fervorosamente también a San Miguel Arcángel que expulsara al enemigo y la liberara de esa situación de cautiverio.

De pronto, uno de los presos con cara de susto la miró a ella, y le abrió corriendo la puerta de la celda, y le dijo salga rápido hermana, y la empujaba para que lo hiciera cuanto antes. Ella se quedó muy sorprendida sin entender qué pasaba.

Cuando el problema en la cárcel se resolvió, ella regresó nuevamente después de algunos días, y le preguntó al preso qué le había sucedido, y por qué había cambiado de idea dejándola salir. El preso le dijo, Ud. no me va a creer, pero yo vi a un hombre muy grande que vestía de manera extraña, como un guerrero y

*tenía en una de sus manos una espada grandísima, Él
me ordenó con mucha autoridad que abriera la puerta y
la dejara salir. Y cómo no iba a cumplir esa orden, yo no
quería morir en manos de esa persona. Gloria a Dios.*

*Confiemos más en San Miguel Arcángel como
nuestro defensor en todas las pruebas de la vida, pi-
damos su ayuda y la liberación que necesitamos a través
del Exorcismo de San Miguel. Hagámoslo con la fe
puesta en Dios y confiando en la poderosa intercesión e
intervención de este Santo Arcángel que nos ama.*

EXORCISMO
DE SAN MIGUEL ARCÁNGEL

Santo Padre, León XIII y San Miguel Arcángel:

León XIII vio, cierto día, estando en oración,
la tierra invadida de negras sombras de espíritus malignos y comprendió que a San Miguel estaba reservado
hacerlos volver de nuevo a su eterno encarcelamiento.
Por esta causa, él mismo compuso la primera oración
que encabeza este Exorcismo y la hizo leer en presencia
de 80.000 peregrinos.

Señal de la Santa Cruz: En el Nombre del
Padre, del Hijo y del Espíritu Santo. Amén.

ORACIÓN A SAN MIGUEL ARCÁNGEL
COMPUESTA POR EL SANTO PADRE
LEÓN XIII CONTRA SATANÁS
Y LOS ÁNGELES REBELDES:

Oración a San Miguel Arcángel:

Gloriosísimo Príncipe de los Ejércitos Celestiales, San
Miguel Arcángel, defiéndenos en el combate contra los

principados y las potestades, contra los caudillos de estas tinieblas del mundo, contra los espíritus malignos esparcidos en los aires. *"Por lo demás, háganse robustos en el Señor con su energía y su fuerza. Pónganse la armadura de Dios, para poder resistir las maniobras del diablo. Porque nuestra lucha no es contra fuerzas humanas, sino contra los gobernantes y Autoridades que dirigen este mundo y sus fuerzas oscuras. Nos enfrentamos con los espíritus y las fuerzas sobrenaturales del mal"* (Ef 6,1 0-12).

Ven en auxilio de los hombres que Dios hizo a su imagen y semejanza, y rescató a gran precio, de la tiranía del demonio. *"Pero Dios creó al hombre para que no pereciera, y lo hizo inmortal igual como es él. Por envidia del diablo entró la muerte en el mundo, y los que se pusieron de su lado padecerán"* (Sb 2,23-24). *"Sabiendo que fueron comprados a un gran precio, procuren que sus cuerpos sirvan para gloria de Dios"* (1Co 6,20). Ruega, pues, al Dios de paz que aplaste al demonio bajo nuestros pies, quitándole todo poder para retener cautivos a los hombres y hacer daño a la Iglesia.

Pon nuestras oraciones bajo la mirada del Altísimo a fin de que desciendan cuanto antes, sobre nosotros las misericordias del Señor, y sujeta al dragón, aquella antigua serpiente, que es el diablo y Satanás, para precipitarlo encadenado a los abismos, de manera que no pueda nunca más seducir a las naciones.

"Después, un ángel bajó del cielo, llevando en la mano la llave del Abismo y además una enorme cadena. Agarró al Monstruo, la serpiente antigua, o sea, Satanás, el diablo, y lo encadenó por mil años. Lo arrojó al Abismo, y cerró su entrada con llave, y la aseguró con candados, para que en adelante ya no engañara a las naciones, hasta que pasen los mil años. Luego será dejado en libertad por un poco tiempo" (Ap 20,1-3).

Exorcismo: En el nombre de Jesucristo Dios y Señor nuestro, mediante la intercesión de la Inmaculada Virgen María, Madre de Dios, de San Miguel Arcángel, de los Santos Apóstoles Pedro y Pablo y de todos los Santos y apoyados en la Autoridad Sagrada: De nuestro ministerio (para los Sacerdotes). De la Santa Iglesia (para los laicos). Procedemos con ánimo seguro a rechazar los asaltos que la astucia del demonio mueve en contra de nosotros.

Salmo 68 (67, 2-3): *"Que Dios se levante y sus enemigos se dispersen y los que lo odian huyan ante él. Como se disipa el humo, así los disipas tú. Así como la cera se derrite al fuego, así perezcan".*

Y he aquí la cruz del Señor, huid poderes enemigos.

R. Venció el león de la tribu de Judá, el Hijo de David.
V. Venga a nos, Señor, tu misericordia.
R. Pues que pusimos nuestra esperanza en Ti.

Os exorcizamos, espíritus de impureza, poderes satánicos, ataques del enemigo infernal, legiones, reuniones secretas diabólicas.

(Cada vez que se encuentre la señal de la Cruz debe hacerse sobre el lugar donde se reza el Exorcismo).

En el nombre y por virtud de Jesucristo, + Nuestro Señor os arrancamos y expulsamos de la Iglesia de Dios, de las almas creadas a la imagen de Dios, y rescatadas por la preciosa Sangre del Cordero Divino +.

No oses más, pérfida serpiente, engañar al género humano ni perseguir la Iglesia de Dios, ni sacudir y pasar por la criba como el trigo a los elegidos de Dios.

Te manda Dios Altísimo + a quien por tu gran soberbia, aún pretendes asemejarte y cuya voluntad es que todos los hombres se salven y vengan en conocimiento de la verdad. *"Reprenderá a los rebeldes con dulzura: quizá Dios les conceda que se conviertan y descubran la verdad, liberándose de los lazos del diablo que los tiene sometidos a su voluntad" (1Tm 2,25-26).*

+ Te manda Dios Padre;
+ Te manda Dios Hijo;
+ Te manda Dios Espíritu Santo;
+ Te manda Cristo Verbo Eterno
  de Dios hecho carne +.

Que para salvar nuestra raza, perdida por tu envidia, se humilló y fue obediente, hasta la muerte. *"El, siendo de condición divina, no se apegó a su igualdad con Dios, sino que se redujo a nada, tomando la condición de servidor, y se hizo semejante a los hombres. Y encontrándose en la condición humana, se rebajó a sí mismo haciéndose obediente hasta la muerte, y una muerte en Cruz. Por eso Dios lo engrandeció y le concedió el Nombre que está sobre todo nombre, para que, ante el Nombre de Jesús, todos se arrodillen, en los cielos, en la tierra y entre los muertos. Y toda lengua proclame que Cristo Jesús es el Señor, para gloria de Dios Padre" (Flp 2,6-11).*

Que ha edificado su Iglesia sobre firme piedra prometiendo que las puertas del infierno no prevalecerán jamás contra ella, y que permanecería con ella todos los días hasta la consumación de los siglos. *"Y ahora yo te digo: Tú eres Pedro (o sea piedra) y sobre esta piedra edificaré mi Iglesia; los poderes de la muerte jamás lo podrán vencer. Yo te daré las llaves del Reino de los Cielos: lo que ates en la tierra quedará atado en el Cielo, y lo que desates en la tierra quedará desatado en el Cielo" (Mt 16,18-19).*

Te manda la santa señal de la cruz + y la virtud de todos los misterios de la fe cristiana +.

Te manda el poder de la Excelsa Madre de

Dios, la Virgen María + que desde el primer instante de su Inmaculada Concepción aplastó tu muy orgullosa cabeza por virtud de su humildad +.

Te manda la fe de los Santos Apóstoles Pedro y Pablo, y la de los demás Apóstoles +.

Te manda la sangre de los Mártires, y la piadosa intercesión de los Santos y Santas.

Así, pues, dragón maldito y toda la legión diabólica, os conjuramos: por el Dios + Vivo, por el Dios + Verdadero y por el Dios + Santo, por el Dios que tanto amó al mundo, que llegó hasta darle su Hijo Unigénito, a fin de que todos los que creen en Él no perezcan, sino que vivan vida eterna. *"Así como Moisés levantó la serpiente en el desierto, así también es necesario que el Hijo del Hombre sea levantado en alto, para que todo aquel que crea tenga por él vida eterna"* (Jn 3,14-15).

Cesad de engañar a las criaturas humanas y brindarles el veneno de la condenación eterna.

Cesad de perjudicar a la Iglesia y de poner trabas a su libertad.

Huye de aquí, Satanás, inventor y maestro de todo engaño, enemigo de la salvación de los hombres.

Retrocede delante de Cristo, en quien nada has encontrado que se asemeje a tus obras; retrocede ante la Iglesia, una, santa, católica y apostólica que Cristo mismo compró con su Sangre.

Humíllate bajo la poderosa mano de Dios, tiembla y desaparece ante la invocación hecha por nosotros, del santo y terrible nombre de Jesús, ante el cual se estremecen los infiernos; a quien están sometidas las virtudes de los Cielos, las Potestades y las Dominaciones: que los Querubines y Serafines alaban sin cesar en sus cánticos diciendo: ¡Santo, Santo, Santo, es el Señor Dios de los Ejércitos!

V. Señor, escuchad mi plegaria.

R. Y mi clamor llegue hasta Vos.

V. El Señor sea con vosotros.

R. Y con tu espíritu.

Oración:

Dios del Cielo y de la tierra, Dios de los Ángeles, Dios de los Arcángeles.

Dios de los Patriarcas, Dios de los Profetas, Dios de los Apóstoles.

Dios de los Mártires, Dios de los Confesores, Dios de las Vírgenes.

Dios que tienes el poder de dar la vida después de la muerte, el descanso después del trabajo.

Porque no hay otro Dios delante de Ti, ni puede haber otro sino Tú mismo. Creador de todas las cosas visibles e invisibles, cuyo Reino no tendrá fin.

Humildemente suplicamos a la majestad de tu gloria se digne librarnos eficazmente y guardarnos sanos de todo poder, lazo, mentira y maldad de los espíritus.

Por Cristo Señor nuestro. Así sea.

De las asechanzas del demonio, líbranos, Señor.

Que te dignes conceder a tu Iglesia la seguridad y la libertad necesarias para tu servicio.

Te rogamos, óyenos. Que te dignes humillar a los enemigos de la Santa Iglesia.

Te rogamos, escúchanos.

(Se rocía con agua bendita el lugar donde se recita el Exorcismo).

¡Ave María Purísima! ¡Sin pecado original concebida!

¡Viva Jesús Sacramentado!

¡Viva la Inmaculada Concepción de la Santísima Virgen María!

Capítulo 9

IMPORTANCIA DE LA ORACIÓN EN LENGUAS EN LA ORACIÓN DE LIBERACIÓN

ORANDO EN LENGUAS

Querido hermano en Cristo, es de vital importancia acompañar siempre nuestras oraciones con la oración en lenguas, porque en la oración en lenguas es el mismo Espíritu de Dios que ora en nosotros por el hermano por el cual interdecemos.

"Además el Espíritu nos viene a socorrer en nuestra debilidad; porque no sabemos pedir de la manera que se debe. Pero el propio espíritu intercede por nosotros con gemidos que no se pueden expresar. Y Aquel que penetra los secretos más íntimos, conoce los anhelos del Espíritu cuando ruega por los santos según la manera de Dios" (Rm 8,26-27).

En otra parte de la Biblia leemos:

"Vivan orando y suplicando. Oren en todo tiempo según les inspire el Espíritu. Velen en común y prosigan sus oraciones sin desanimarse nunca. Intercediendo a favor de todos los hermanos" (Ef 6,18).

La oración en lenguas puede definirse como la emisión espontánea de sonidos que no tienen ningún significado para nosotros y sin embargo tienen una acción liberadora y todo realizado por el mismo Espíritu Santo. Podríamos explicar esto de la siguiente manera: Dios intercediendo por nosotros, en nosotros y con nosotros.

La acción poderosa del Espíritu Santo que ora

vivificando espiritualmente con su fuerza estas expresiones, tiende a llevarnos a profundizar nuestras relaciones con el Padre, nos sumerge en la comunicación con Jesús a una profundidad nunca antes experimentada ni conocida por nosotros. El que ora en lenguas está en comunicación directa con el Padre, con el Hijo y con el mismo Espíritu Santo.

Querido hermano, hay que pedir a Dios este don de la oración en lenguas porque orar en lenguas es un arma de guerra contra Satanás y contra nuestras pasiones, precisamente, porque es una oración de paz (Sal 83). Orar en lenguas es un acto de fe, donde clamamos la victoria de Cristo en cada circunstancia por la que oramos. Esta oración es una práctica de devoción que edifica al creyente en su fe.

TESTIMONIO:

El año pasado, días antes de realizarse un Retiro organizado por nuestra comunidad, el Señor me reveló lo siguiente a través de un sueño: me mostraba la gran cantidad de personas que asistirían a esa Retiro de Liberación. También me mostró dos personas que estaban fuertemente oprimidas por el enemigo, y que en el momento de las alabanzas, el mal se manifestaría fuertemente en ellos. Jesús me mostró el Ministerio de Intercesión: a quienes veía distraído, algunos mirando a los lados, y no oraban. Otros distraídos en la enseñanza que daba el predicador, pero tampoco oraban. Entonces el predicador iba perdiendo fuerza en la evangelización.

El Señor nuevamente me mostró las personas oprimidas por el demonio. Entonces dijo Jesús: "Si tan solo me hicieran caso de orar en lenguas mientras se lleva a cabo el Retiro, y sobre todo cuando habla el predicador. Qué maravillas podría Yo hacer entonces. Luego me mostró a estas personas oprimidas y me dijo: Hija mía, diles que cuando vean un caso de liberación, no se distraigan mucho haciendo otro tipo de oración, que oren en lenguas y prontamente la persona será liberada.

Recuerdo que el día del Retiro de Liberación me encontraba al lado de Librería. En el momento de la alabanza, efectivamente comenzó una persona a manifestar opresión demoníaca moníaca y entre varios hombres no lograban calmarla y se corría el riesgo de que pudiera hacer daño a los que estaban alrededor o a sí misma. Inmediatamente recordé las palabras del Señor Jesús, y le dije a la persona que estaba a mi lado, apoyemos con la oración en lenguas, y avisa a todos los que están en Librería que lo hagan también. Todos comenzamos a orar en lenguas y en pocos momentos vimos como la persona cayó al suelo e inmediatamente fue liberada por el Señor Jesús. Gloria a Dios. Aleluya.

Si tan sólo le hiciéramos caso al Señor Jesús, de orar en lenguas, cuantas maravillas haría El.

Orar en lenguas abre al creyente una nueva y gloriosa dimensión. Aunque no se sabe lo que se dice cuando se ora en lenguas, se percibe claramente que se dirige uno a Dios por la oración.

Cuando se ora en lenguas ya no somos nosotros los que controlamos la oración, sino el mismo Dios, y esto exige que nosotros nos abandonemos en las manos del Señor, aquí entramos en actos de humildad y desprendimiento de nosotros mismos. Aquí comenzamos a ser revestidos de la humildad de Jesús. Aqui reconocemos nuestra pobreza espiritual y nuestra incapacidad de orar debidamente, comenzamos a hacernos muy pequeños con palabras ininteligibles como un niño. Tratemos siempre de acompañar todas nuestras oraciones con la oración y con los cantos en lenguas. Cuando oramos en lenguas estamos abiertos a la acción del Espíritu Santo y continuamos recibiendo otros dones y carismas, y además somos fortalecidos en los que ya nos han sido otorgados por el Señor.

TESTIMONIO:

En un Retiro Básico, inicié mi charla en el Nombre del Señor Jesús con un canto de alabanza muy suave en lenguas que duró algunos minutos. Luego inicié las enseñanzas. Había una gran unción del Espíritu Santo en la Asamblea, pero no tenía idea de lo que el Señor estaba realizando. Pasaron algunos días, y se me acercó una hermana de la Comunidad que me dijo que en el momento en que se inició el canto en lenguas, ella vio que llegó una señora, y al entrar en la Iglesia, cayó inmediatamente al suelo y comenzó a llorar con tono muy fuerte.

La señora no podía parar de llorar. Tampoco lograban levantarla del suelo. Luego del canto en lenguas, la persona pudo sen tarse en uno de los bancos de la Iglesia. Al final de la charla, le preguntó esta hermana cómo se sentía y ella expresó lo siguiente: "cuando la hermana comenzó el canto en lenguas, sentí que estaba siendo liberada de aquello que me oprimía en el corazón. Ahora me siento totalmente libre y me siento tan bien, con mucha paz y sobre todo me siento reconciliada con el Señor y con mis hermanos. Nunca había experimentado esta paz". Gloria a Dios.

¿QUÉ ES LA ORACIÓN EN LENGUAS?:

Expliquémoslo a través de este ejemplo: "Había un monje que era muy puntual con sus oraciones y lo hacía siempre con su devocionario Un día iba de viaje, y como salió tan apresuradamente se le olvidó el devocionario y como no sabía de memoria sus oraciones, se angustió primero un poco. Luego se dijo, ¿Qué haré?, ah ya se, y le ofreció a Dios como oración el recitar el abecedario por tres veces seguidas sin parar. Entonces se le apareció el Señor Jesucristo, y el monje le pidió perdón por haber olvidado su devocionario y no haberle podido hacer las oraciones que acostumbraba. Pero el Señor Jesús le dijo. No hijo, al contrario, éstas han sido las mejores oraciones que me has ofrecido".

De igual manera hagamos nosotros, construyamos sonidos con sílabas ó gemidos como te salgan en ese momento, ofreciéndolas al Señor de corazón y pídele que construya Él mismo la oración que tú no eres capaz de hacer y que se necesita en ese momento (poniendo la intención: intercesión, petición, alabanza, acción de gracias, discernimiento, etc). No te resistas a hacerlo. Haz la prueba y praetícala diariamente con tus otras oraciones.

Oración a la Virgen María:

Pongo mi confianza en Ti, Santísima Virgen María, se que con tu ayuda lograré alcanzar la salvación de mi alma. Acompáñame Virgen María en todas las circunstancias de mi vida, no me abandones ni un solo segundo, e intercede constantemente por mí ante Jesús. Defendido por ti no tendré nada que temer. Con tu protección y auxilio Virgen María perseguiré y pondré en fuga a mis enemigos, porque tu devoción es un arma de salvación que Dios da a aquellos que quiere salvar.

Oración a Nuestro Señor Jesucristo:

Señor Jesús, en tu Santo Nombre Jesús, te suplico que impongas tus manos sobre mi cabeza y me bautices con Espíritu Santo y fuego. Lléname de tu Presencia Santa, inunda todo mi ser de tu amor, regálame tus dones y carismas para servirte en la Iglesia y para trabajar por tu Reino de Amor. Hoy te pido de manera especial que me regales el don de sanación, don de liberación, don de lenguas, don de alabanza, don de oración, y don discernimiento de acuerdo con tu Santa Voluntad. Prometo utilizarlos para tu Gloria y al servicio de la Iglesia. Gracias Señor por llenarme de Ti y de tu amor sanador.

Alcánzame Señor Jesús, en tu Santo Nombre, un corazón liberado de todo cautiverio de Satanás, como lo prometes en Tu Palabra cuando dices: *"Invócame en el día de la tribulación y Yo te libraré" (Sal 49,15)*. Concédeme una conciencia clara, la perfección del espíritu y del cuerpo, hazme crecer en humildad, amor, paciencia, tolerancia, desprendimiento de riqueza, y oración. Que viva con la mirada puesta en Ti, Señor.

Señor Jesús, cuento contigo. Acompáñame siempre con tu ayuda, protección, misericordia, consuelo, y providencia. Concédeme la fe a toda prueba. Concédeme también la gracia de contar con la compañía y la luz de los Santo Ángeles, especialmente con San Miguel Arcángel. *Si Dios se presenta en nosotros a través de nuestras acciones, sus enemigos serán dispersados y si nos acercamos a Él por medio de la contemplación, los que lo odian huirán ante su faz y la nuestra (Sal 67,2). Amén.*

Que la Verdad: Cristo nos conserve libres según la Voluntad de Dios:

"Para ser libres nos libertó Cristo" (Ga 5,1).
... Según la fe cristiana y la doctrina de la Iglesia "solamente la libertad que se somete a la Verdad conduce a la persona humana a su verdadero bien. El bien de la persona consiste en estar en la Verdad y en realizar la Verdad" (El Esplendor de la Verdad, Pág. 77, N° 84, Juan Pablo II).

CONTENIDO